会 讲 故 事 的 童 书

少年读国学

图说论语

谢冕
解玺璋
主编

读者出版社

图书在版编目（CIP）数据

图说论语 / 谢冕, 解玺璋主编 . -- 兰州 : 读者出版社, 2023.1
（少年读国学）
ISBN 978-7-5527-0686-4

Ⅰ . ①图… Ⅱ . ①谢… ②解… Ⅲ . ①儒家 ②《论语》-通俗读物 Ⅳ . ① B222.2-49

中国版本图书馆 CIP 数据核字（2022）第 090889 号

少年读国学·图说论语
谢 冕 解玺璋 主编

责任编辑	漆晓勤
封面设计	田 松 李果果
出版发行	读者出版社
地 址	兰州市城关区读者大道 568 号（730030）
邮 箱	readerpress@163.com
电 话	0931-2131529（编辑部） 0931-2131507（发行部）
印 刷	山东新华印务有限公司
规 格	开本 880 毫米 ×1230 毫米 1/32
	印张 10 字数 158 千
版 次	2023 年 1 月第 1 版
	2023 年 1 月第 1 次印刷
书 号	ISBN 978-7-5527-0686-4
定 价	68.00 元

如发现印装质量问题，影响阅读，请与出版社联系调换。
本书所有内容经作者同意授权，并许可使用。
未经同意，不得以任何形式复制。

目录

论语

- 001　**学而篇** 第一
- 023　**为政篇** 第二
- 041　**八佾篇** 第三
- 051　**里仁篇** 第四
- 071　**公冶长篇** 第五
- 087　**雍也篇** 第六
- 107　**述而篇** 第七
- 125　**泰伯篇** 第八
- 135　**子罕篇** 第九
- 153　**乡党篇** 第十

161 **先进篇** 第十一

179 **颜渊篇** 第十二

197 **子路篇** 第十三

211 **宪问篇** 第十四

229 **卫灵公篇** 第十五

249 **季氏篇** 第十六

263 **阳货篇** 第十七

279 **微子篇** 第十八

289 **子张篇** 第十九

303 **尧曰篇** 第二十

叔梁纥（hé）一直未得一个能继承家业的男孩，便娶了比自己年轻的颜徵（zhēng）在为妻。颜徵在一心想生男孩，便到城南的尼丘山祷告，后来便生了孔子。叔梁纥认为是山神显灵，便从"尼丘山"中选出"丘"字作为他的名：孔丘，选出"尼"字作为他的字：仲尼。因为他有个天生残疾的大哥孟皮，所以排列老二，"仲"即排行第二的意思。

学而篇 第一

「学而」是《论语》第一篇的篇名。《论语》每一篇都是拈出本篇中前两三个字作为该篇的篇名,没有实际意义。《学而》篇共计十六章,内容涉及学习、交友、自省等方面的内容。本篇节选十四章。

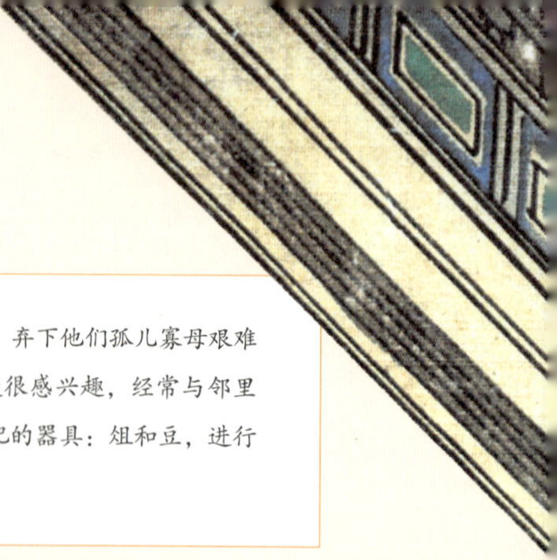

孔子三岁时，父亲叔梁纥便去世了，弃下他们孤儿寡母艰难度日。他小的时候就对周代的礼仪制度很感兴趣，经常与邻里的小朋友们在一起打躬作揖，摆设上祭祀的器具：俎和豆，进行祭祀表演。

子❶曰:"学❷而时❸习❹之,不亦说(yuè)❺乎?有朋❻自远方来,不亦乐乎?人不知❼而不愠❽,不亦君子❾乎?"

孔子说:"学到的知识,在适当的时候,于实践中练习和运用,不也很高兴吗?有志同道合的人从很远的地方来,不也很快乐吗?别人不了解我,我却不生气,不是有修养的君子吗?"

注释

❶ 子:古代对有学问、有德行的人的尊称,后泛指老师,如孟子、墨子、孙子等。《论语》中"子曰"的"子"都指孔子。

❷ 学:古代指对西周的礼、乐、诗、书等传统文化的学习,今可泛指学习一切文化知识。

❸ 时:适当的时候。

❹ 习:温习或实践。

❺ 说:同"悦",高兴、愉快的意思。

❻ 有朋:古本也有作"友朋"。所谓"同门为朋,同志为友"。在此处译为"志同道合的人"。

❼ 不知:不了解。

❽ 愠(yùn):生气,愠怒。

❾ 君子:这里指道德修养高的人。

有子❶曰:"其为人也孝弟(tì)❷,而好犯上者,鲜(xiǎn)❸矣;不好犯上,而好作乱者,未之有也❹。君子务❺本❻,本立而道❼生。孝弟也者,其为仁之本与❽!"

译文

有子说:"那种孝敬父母、敬爱兄长,却喜欢冒犯上级的人,是很少见的;不喜欢冒犯上级,却喜欢作乱的人,更是从来没有的。君子总是专心致力于根基的培养,根基立下了,治国做人的原则也就有了。孝顺父母、敬爱兄长,就是'仁'的根本啊!"

注释

① 有子：孔子的学生，姓有，名若。
② 弟：同"悌"，兄友弟恭为悌，这里指敬爱兄长。
③ 鲜："少"的意思，同义的如成语寡廉鲜耻、鲜为人知中的"鲜"。
④ 未之有也："未有之也"的倒装句，意思是"没有这种人"。
⑤ 务：致力，从事。词语如务农、务实等中的"务"。
⑥ 本：根本，根基。
⑦ 道：孔子所提倡的仁道，治国做人的基本原则。
⑧ 与：同"欤（yú）"，表示疑问的语气助词。

子曰："巧言令色❶，鲜矣仁❷！"

孔子说："讲讨人喜欢的话，显出讨人喜欢的脸色，这种人的仁爱之心是很少的。"

① 巧言令色：讨人喜欢的话，讨人喜欢的脸色。令，原意是"美好"，词语如令名、令誉中的"令"。
② 鲜矣仁："仁鲜矣"的倒装句。

学而篇 第一

曾子❶曰:"吾日三省(xǐng)❷吾身。为人谋而不忠❸乎?与朋友交而不信❹乎?传❺不习乎?"

曾子说:"我每天有三件事反省:为别人办事是不是尽心竭力了?同朋友交往是不是做到诚实守信了?老师传授的知识是不是复习了?"

❶ 曾子:孔子晚年的弟子曾参。
❷ 三省:三,指下面的三件事;省,反省,省察。
❸ 忠:为人尽心竭力地做事。
❹ 信:诚实守信。
❺ 传:老师所传授的知识。

子曰:"道❶千乘(shèng)之国❷,敬事❸而信,节用而爱人❹,使民以时❺。"

孔子说:"治理一个有实力的大国,应该恭敬、谨慎地对待政

事，还要讲信用，并且节省财政开支，爱护官吏臣僚；在征用民力时要尊重农时，不要耽误耕种、收获的时机。"

① 道：动词，同"导"，引导、治理。
② 千乘之国：乘，古代用四匹马拉的兵车。春秋时期，打仗用兵车，因此战车数目的多少往往标志着这个国家的强弱。千乘之国，指有实力的大国。
③ 敬事：敬业。
④ 爱人：爱，爱护。古代的"人"有广义和狭义两种，这里是狭义的"人"，指士大夫以上阶层的人。
⑤ 使民以时：时，指农时。在古代，农业是国家的经济命脉，此处是指役使百姓要在农闲时，不要耽误了耕作与收获。

子曰:"弟子❶入❷则孝,出❸则弟❹,谨❺而信,泛❻爱众,而亲仁❼。行有余力❽,则以学文❾。"

孔子说:"年轻人在家要孝敬父母;出门在外,要恭敬有礼,言行谨慎,诚实守信,要广泛地去爱众人,亲近有仁德的人。这些都做到了,如果还有余力的话,就去学习文献知识。"

❶ 弟子:泛指年轻人。

❷ 入:在家。

❸ 出:在外。

❹ 弟:同"悌",这里指恭敬。

❺ 谨:谨慎。

❻ 泛:广泛。

❼ 亲仁:亲,亲近;仁,仁人,即有仁德的人。

❽ 行有余力:指有精力和闲暇的时间。

❾ 文:古代文献,即诗、书、礼、乐等文化知识。

孔子家境贫寒，十几岁时便去给鲁国的大贵族——季氏家族做管理粮仓的小官，后来又为季氏牧牛放羊，管理牲畜。在他的努力经营、细心蓄养下，牛羊茁壮，生养繁多。

子夏曰①："贤贤易色②；事父母，能竭其力；事君，能致其身③；与朋友交，言而有信。虽曰未学，吾必谓之学矣。"

子夏说："对伴侣，能够看重内在的品德而不看重外貌；对待父母，能够竭尽全力；侍奉君主，能够舍生忘死；与朋友相交，诚实守信。这样的人，即使他说自己没有学习过，我也一定说他已经学习过了。"

① 子夏：孔子的弟子卜商，字子夏。
② 贤贤易色：第一个"贤"字作动词用，"尊重、看重"的意思；第二个"贤"字是名词，指贤惠的德行，合起来的意思是指"看重贤惠的德行"。易："轻视"的意思，"易色"即不看重外貌。
③ 致其身：尽心竭力。

子曰："君子不重①则不威；学则不固②。主忠信。无③友不如己④者。过⑤，则勿惮（dàn）⑥改。"

孔子说:"君子,不庄重就没有威严;学习了知识也不会稳固。要以忠信为主旨。不要与志不同、道不合的人交朋友。有了过错,就不要怕改正。"

❶ 重:庄重。
❷ 固:稳固。
❸ 无:同"毋","不要"的意思。
❹ 不如己:这里指志不同、道不合的人。
❺ 过:过错,过失。
❻ 惮:害怕,畏惧。

曾子曰:"慎终❶追远❷,民德归厚矣。"

曾子说:"以谨慎的态度对待父母的离世,追念遥远的祖先,老百姓的道德风尚就会越发醇厚。"

❶ 慎终:慎,谨慎的态度。终,人死为终,这里指父母离世。
❷ 追远:追,追念。远,遥远的祖先。

子禽①问于子贡②曰:"夫子③至于是邦④也,必闻其政,求之与?抑⑤与之与?"子贡曰:"夫子温、良、恭、俭、让⑥以得之。夫子之求之也,其诸⑦异乎人之求之与?"

　　子禽问子贡:"老师到了一个诸侯国,总是听到这个国家的政事。是他主动求得的呢?还是人家告知他的呢?"子贡说:"老师是以温和、善良、恭敬、俭朴、谦让的美德得来的。他这种获得的方法,或许与他人的不同吧?"

❶ 子禽:即陈亢(kàng),字子禽,孔子的学生。
❷ 子贡:即端木赐,字子贡,孔子的学生。家累千金,是个大富豪。
❸ 夫子:孔子的学生对他的敬称。
❹ 邦:诸侯国。
❺ 抑:表选择连词,或者、还是的意思。
❻ 温、良、恭、俭、让:温和、善良、恭敬、俭朴、谦让。
❼ 其诸:语气词,大概、或者的意思。

有子^❶曰："信近^❷于义^❸，言可复^❹也。恭近于礼，远耻辱也^❺。因^❻不失其亲，亦可宗^❼也。"

有子说："给人的承诺符合正义，所说的话就能兑现。对人恭敬，符合礼仪，就能使自己远离耻辱。依靠关系亲近的人，就会是可靠的。"

❶ 有子：即有若，孔子的弟子。

❷ 近：接近。

❸ 义：正义。

❹ 复：践行诺言。

❺ 远：使动用法，"使……远离"的意思。

❻ 因：依靠。

❼ 宗：可靠。

子曰："君子食无求饱，居无求安，敏^❶于事而慎于言，就^❷有道^❸而正^❹焉，可谓好学也已。"

孔子说:"君子饮食不求饱足,居住不求安逸,做事勤快,说话谨慎,靠近有道德的人匡正自己,这样可以说是好学了。"

① 敏:勤快。
② 就:靠近、看齐。
③ 有道:指有道德的人。
④ 正:匡正,端正。

子贡曰:"贫而无谄(chǎn)①,富而无骄,何如②?"子曰:"可也。未若贫而乐,富而好礼者也。"

子贡曰:"《诗》③云:'如切如磋,如琢如磨④。'其斯之谓与?"子曰:"赐也!始可与言《诗》已矣,告诸往而知来者⑤。"

子贡说:"贫穷而不谄媚,富贵而不骄傲,这种境界怎么样?"孔子说:"做到这样也算可以了;但是还不如虽贫穷却乐行正道,虽富裕却好礼仪。"

子贡说:"《诗经》上说:'要像对待骨、角、象牙、玉石一样,切磋它,琢磨它。'就是这个意思吧?"孔子说:"赐呀,你能领会到这层意思,举一反三,我可以同你谈论《诗经》了。"

① 谄:谄媚,巴结。
② 何如:"怎么样"的意思。
③ 诗:《论语》中凡"诗"都指《诗经》。
④ 如切如磋,如琢如磨:这两句诗见于《诗经·卫风·淇奥》。本意是对玉石、象牙等器物的加工,这里比喻通过礼仪来修养自身。
⑤ 告诸往而知来者:诸,之,指子贡。往,过去的事。来者,未来的事。大意是举一反三。

子曰:"不患❶人之不己知,患不知人也。"

孔子说:"不怕别人不了解自己,只怕自己不了解别人。"

❶患:忧虑。

出自本篇的成语

不亦乐乎　　犯上作乱　　巧言令色
一日三省　　入孝出悌　　行有余力
言而有信　　贤贤易色　　慎终追远
小大由之　　贫而乐道　　告往知来

孔子十九岁时娶了宋国人亓官氏为妻,过了一年便生了个儿子。当时孔子在鲁国已是贤名远播,连深居宫中的鲁昭公都对他的学问、品行仰慕有加。鲁昭公听说孔子生了个儿子,便特命人送了两尾鲤鱼给他,以表庆贺。为表达敬意,孔子便给这个儿子取名为"孔鲤"。

为政篇 第二

本篇共二十四章，内容主要涉及治国、理政、行孝等方面，比较重要的是孔子的「以德治国」的理念，他将「以德治国」与「依法治国」进行了对比，认为「以德治国」能够得到百姓的拥戴，是君主治国的不二之选。本篇节选二十章。

孔子十五岁时立志为学，待到婚姻大事完毕，母亲也因病而逝。他将母亲与父亲合葬一处后，便再无牵挂，一身投入发愤为学、实践理想之中。三十四岁时，他游学到了周王室的所在地——洛阳，向当时的大学问家——老子请教，并参观了太庙。

子曰:"为政以德❶,譬如北辰❷,居其所❸而众星共❹之。"

孔子说:"以道德来处理政事,就会像北极星那样,只要处在正确的位置上,群星就会环绕着它运行。"

❶ 为政以德:正常语序是"以政为德"。以,是"用"的意思。
❷ 北辰:北极星。
❸ 所:处所,位置。
❹ 共:同"拱",环绕。

子曰:"道❶之以政❷,齐❸之以刑❹,民免而无耻;道之以德,齐之以礼,有耻且格❺。"

孔子说:"用法律政令去引导百姓,使用刑罚来约束百姓,百姓就只求能避免刑罚,却没有羞耻之心;用道德引导百姓,使用礼仪规范来约束百姓,百姓就不仅会有羞耻之心,而且内心也会皈依于道德。"

注释

① 道：同"导"，引导。
② 政：政令。
③ 齐：约束。
④ 刑：刑罚。
⑤ 格：原义为"至"，引申为"皈依，向往"。

子曰："吾十有①五而志于学，三十而立②，四十而不惑③，五十而知天命④，六十而耳顺⑤，七十而从心所欲，不逾矩⑥。"

译文

孔子说："我十五岁就立志求学，三十岁能够知礼自立，四十岁意志坚定，不为外物所迷惑，五十岁懂得了这一生该坚守的道义与职责，六十岁对于不同的见解能保持宽容的态度，又有自己独立的思想，七十岁能随心所欲，不会逾越规矩。"

注释

① 有：同"又"，古代整数和小数之间都要加"有"字。
② 立："立于礼"，即知书达礼，泛指人格成熟。
③ 不惑：意志坚定，不为外物所迷惑。

❹ 天命：人应该坚守的道义与职责。
❺ 耳顺：既对相反相异的见解有着宽容与理解，又能坚守自己的原则。
❻ 从心所欲，不逾矩：从，遵从。逾，逾越。矩，规矩。

孟武伯❶问孝❷。子曰："父母唯其疾之忧❸。"

译文

孟武伯问孔子怎么做才称得上"孝"。孔子说："对父母，要特别为他们的疾病担忧。"

注释

❶ 孟武伯：鲁国大夫。
❷ 问孝：怎么做称得上"孝"。《论语》中凡"问……"都是"怎么做称得上……"，而不是"什么是……"。
❸ 父母唯其疾之忧：其，代词，指父母。疾，病。

子游❶问孝。子曰："今之孝者，是谓能养。至于犬马，皆能有养。不敬，何以别乎？"

译文

子游问孔子怎么做称得上"孝"。孔子说："如今世上的人所谓的'孝'，只做到了赡养父母。然而，对于狗和马人们也能饲养它们啊。如果不心存敬重之心，那么赡养父母与饲养犬马又有什么区别呢？"

注释

❶ 子游：言偃，字子游，吴国人，孔子的学生。

子夏问孝。子曰："色❶难。有事，弟子❷服其劳❸；有酒食，先生❹馔（zhuàn）❺，曾（céng）是以为❻孝乎？"

译文

子夏问孔子怎么做称得上"孝"。孔子说："最难做到的就是对父母和颜悦色。有辛苦的事情，儿女们去做；有了酒食，让父母先吃，做到这些就算是'孝'了吗？"

注释

❶ 色：色，和颜悦色。
❷ 弟子：晚辈。
❸ 服其劳：承担劳动。
❹ 先生：长辈。

❺ 馔：吃喝。
❻ 曾是以为：正常语序为"曾以是为"，是"竟以这为……"的意思。曾，副词，意为"竟"。

子曰："吾与回❶言终日，不违❷，如愚。退而省其私❸，亦足以发，回也不愚。"

译文

孔子说："我给颜回讲学，他一整天也不提一个反对意见，像一个愚者。等事后，考察他私下的言行，发现他对我所讲授的内容多有发挥，可见颜回并不愚笨。"

注释

❶ 回：颜回，孔子的得意门生。
❷ 不违：不提出反对意见。
❸ 退而省其私：省，考察；私，私下里的行为。意为：考察颜回私下里的言行。

子曰："视其所以❶，观其所由❷，察其所安❸。人焉❹廋（sōu）❺哉？人焉廋哉？"

译文

孔子说:"看他做事的手段,观察他做事的过程,考察他做事的动机,这样,这个人还怎么能隐藏得了呢?这个人还怎么能隐藏得了呢?"

注释

❶ 所以:做事的手段。
❷ 所由:做事的过程。
❸ 所安:做事的动机。
❹ 焉:疑问词,怎么。
❺ 廋:隐藏。

子曰:"温❶故而知新,可以为师矣。"

译文

孔子说:"温习旧的知识,而能有新的体会,就可以当老师了。"

注释

❶ 温:温习。

子曰:"君子不器❶。"

译文

孔子说:"君子不会像器皿那样,只具有某一方面的用途。"

注释

❶ 器:器皿。

子贡问君子。 子曰:"先行其言而后从之。"

译文

子贡问怎样做才是一个君子。 孔子说:"对你要说的话,先做到了,再说出来,这样就可算是一个君子了。"

子曰:"君子周❶而不比❷,小人❸比而不周。"

译文

孔子说:"君子与人相处是团结而不是勾结,小人则是勾结而不是团结。"

注释

① 周：团结。
② 比：勾结。
③ 小人：缺乏道德修养的人。

子曰："学而不思则罔（wǎng）①，思而不学则殆（dài）②。"

译文

孔子说："只学习而不思考，就会迷惑无知；只空想而不学习，就会疑惑而不能肯定。"

注释

① 罔：迷惑无知。
② 殆：疑惑，危险。

子曰："由①！诲女②知之乎！知之为知之，不知为不知，是知（zhì）③也。"

译文

孔子说:"由！我教你什么才是'智慧'吧！知道就是知道，不知道就是不知道，这才是智慧啊！"

注释

❶ 由：仲由，字子路，孔子的学生。
❷ 女：同"汝"，你。
❸ 知：同"智"，智慧。

子张❶学干禄❷。子曰："多闻阙❸疑❹，慎言其余，则寡尤❺；多见阙殆，慎行其余，则寡悔。言寡尤，行寡悔，禄在其中矣。"

译文

子张向孔子求教谋求官职得俸禄的方法。孔子说："要多听，有疑惑的地方先保留着，剩下有把握的要谨慎地说出来，这样就可以少犯错误；要多看，有怀疑的地方保留着，剩下有把握的要谨慎地去做，这样就能减少后悔。说话少过失，做事少后悔，官职俸禄自然就在这里了。"

注释

❶ 子张：姓颛（zhuān）孙，名师，字子张，孔子的学生。
❷ 干禄：干，追求。禄，古代官吏的俸禄。
❸ 阙：空缺，此处指保留。
❹ 疑：疑惑。
❺ 寡尤：寡，"少"的意思。尤，过错。

哀公❶问曰："何为则民服？"孔子对曰："举直错诸枉❷，则民服；举枉错诸直，则民不服。"

译文

鲁哀公问："怎样做才能使百姓服从呢？"孔子回答说："把正直的人提拔到不正直的人上面，老百姓就会服从了；把不正直的人提拔到正直的人上面，老百姓就不会服从。"

注释

❶ 哀公：鲁国国君，姓姬，名蒋，"哀"为谥号，公元前494—前468年在位。
❷ 举直错诸枉：举，选拔。直，正直的人。错，同"措"，放置。枉，不正直的人。

季康子❶问："使民敬、忠以❷劝❸，如之何？"子曰："临❹之以庄❺，则敬；孝慈，则忠；举善而教不能，则劝。"

译文

季康子问道："要使老百姓对当政者尊敬、忠心而勤勉，该怎样做呢？"孔子说："你以庄重的态度对待老百姓，他们就会尊敬你；你孝顺父母，慈爱幼小，他们就会忠心于你；你选用善良的人，又教育能力不足的人，百姓就会互相勉励。"

注释

❶ 季康子：季孙肥，"康"是他的谥号，鲁哀公时任正卿，是当时最有权势的人。
❷ 以：连接词，与"而"同。
❸ 劝：勤勉。
❹ 临：对待。
❺ 庄：庄重。

子曰："人而无信，不知其可也。大车无輗（ní）❶，小车无軏（yuè）❷，其何以行之哉？"

译文

孔子说:"一个人没有信用,是根本不行的。就好像牛车没有𫐐、马车没有𫐓一样,靠什么行进呢?"

注释

❶ 大车:指牛车。𫐐:古代大车车辕与横木相连接的部件。
❷ 小车:指马车。𫐓:古代小车车辕与横木相连接的部件。

子张问:"十世❶可知也?"子曰:"殷因❷于夏礼,所损益❸,可知也;周因于殷礼,所损益,可知也。其或继❹周者,虽百世,可知也。"

译文

子张问:"未来十世的礼仪制度可以预知吗?"孔子说:"商朝沿袭了夏朝的礼仪制度,它优化的内容是可以知道的;周朝沿袭商朝的礼仪制度,它所优化的内容也是可以知道的。将来若有继承周朝的,就算是一百世以后的情况,也是可以预知的。"

注释

① 世：古时称30年为一世。
② 因：传承，沿袭。
③ 损益：废除和增加，即优化。
④ 继：继承。

子曰："非其鬼①而祭之，谄（chǎn）②也。见义③不为，无勇也。"

译文

孔子说："不是自己应该祭祀的鬼神，而去祭祀，这就叫谄媚。见到需要伸张正义的事而不去做，就是没有勇气。"

注释

① 鬼：这里指死去的祖先。
② 谄：谄媚。
③ 义：正义。

出自本篇的成语

众星拱北　一言蔽之　三十而立
不惑之年　知命之年　耳顺之年
从心所欲　犬马之养　因材施教
温故知新　君子不器　周而不比
多闻阙疑　举直错枉　不知其可
见义勇为

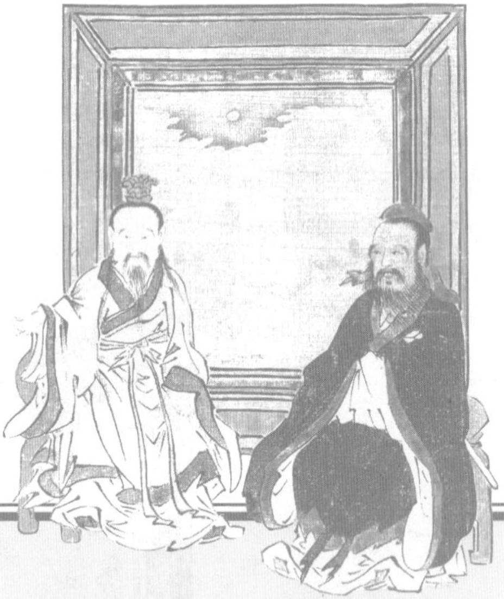

八佾篇 第三

本篇共二十六章,内容主要涉及礼乐的问题。对于当时出现的一些僭越礼制的社会现象,孔子给予了尖锐的批判。篇中有些章节探讨了礼的本质,有些章节具体到了祭礼、射礼等方面的论述。本篇节选七章。

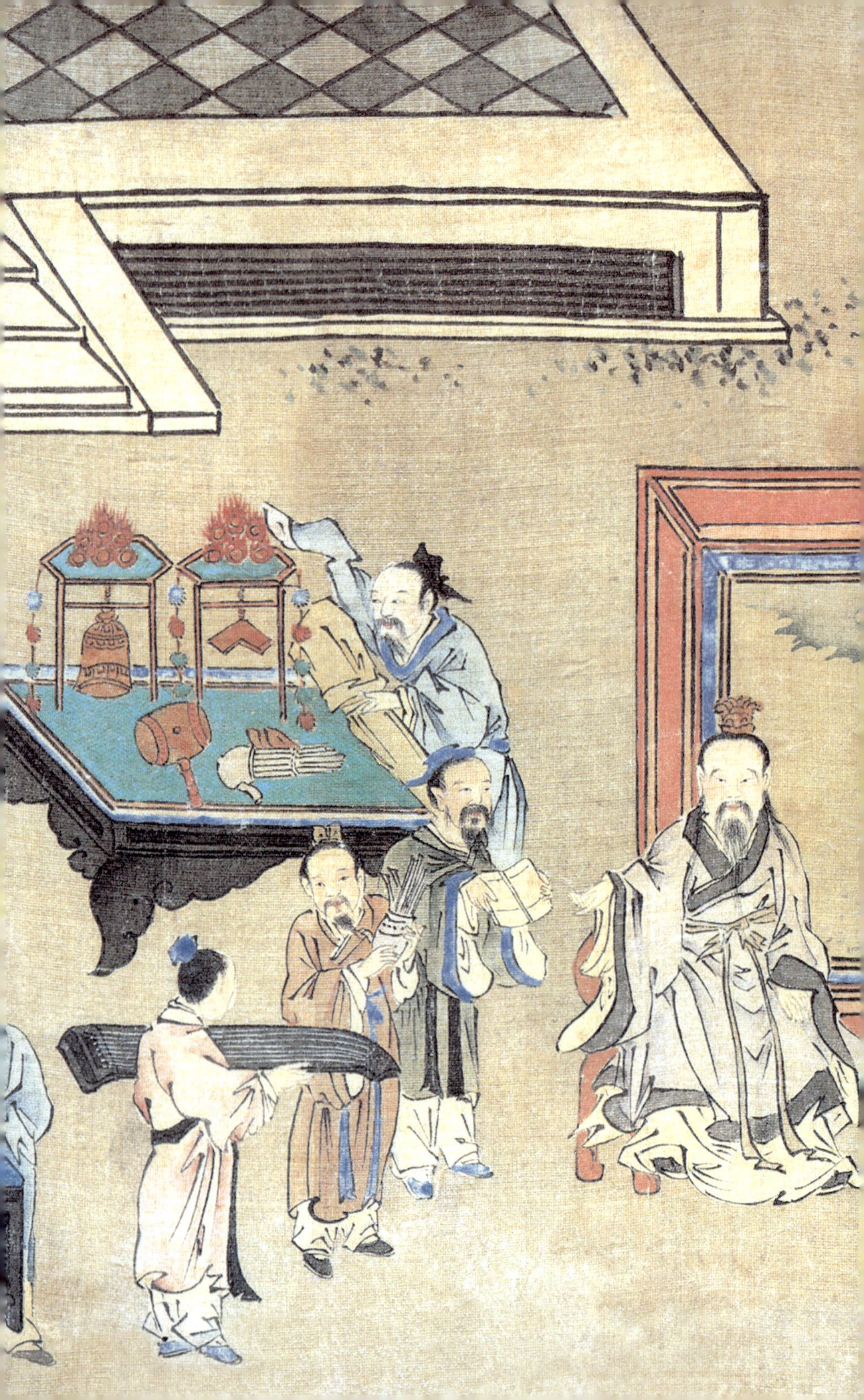

孔子在鲁国办学，他的影响力越来越大，四方来游学的学子络绎不绝。可好景不长，鲁国不久便发生了叛乱，三十五岁的他便流亡到齐国。到了齐国，他听到了周代的《韶》乐。他沉浸在古乐的优雅与和谐中，神驰千古，回味无穷，久久难以忘怀，以至于三个月不知道肉的味道。

孔子谓季氏❶："八佾（yì）❷舞于庭，是可忍❸也，孰❹不可忍也？"

译文

孔子谈到季氏时，说："他在庭院中用六十四人奏乐舞蹈，这都能狠心做出来，还有什么事情不能狠心做的呢？"

注释

❶ 季氏：鲁国正卿季孙氏，即季平子，在鲁国很有权势。
❷ 八佾：佾，乐舞行列的意思。古时一佾八人，一行叫一佾，八佾就是六十四人。《周礼》规定，只有周天子才可以使用八佾乐舞，诸侯为六佾乐舞，卿大夫为四佾乐舞，士用二佾乐舞。季氏是正卿，只能用四佾。
❸ 是可忍：是，代词，这。忍，忍心，一说"容忍"。
❹ 孰：什么。

子曰："人而不仁，如礼何❶？人而不仁，如乐何？"

译文

孔子说："一个人没有仁爱之心，礼仪还有什么用呢？一个人没有仁爱之心，礼乐还有什么用呢？"

注释

❶ 如礼何：如……何，"拿……怎么办"，这里是指礼仪就失去了作用。

子曰："君子无所争❶。必也射❷乎！揖让❸而升，下❹而饮。其争也君子。"

译文

孔子说："君子没有什么与别人可争的事情。如果有的话，那就是射礼中的射箭比赛了。比赛时，相互拱手行礼，然后登上庭堂射箭比赛，射完就下来庭堂作揖喝酒。这种竞赛是君子之争。"

注释

❶ 争：竞争。
❷ 射：射箭。此处指古代的射礼。
❸ 揖让：拱手行礼。
❹ 下：这里的"下"与上面的"升"，是"下来庭堂"和"登上庭堂"的意思。古代的射礼是在庭堂中进行的。

子曰:"周监(jiàn)❶于二代❷,郁郁❸乎文哉!吾从周。"

译文

孔子说:"周朝的礼仪制度借鉴了夏、商两朝的文化,多么丰富多彩啊!我遵从周朝的制度。"

注释

❶ 监:同"鉴",借鉴。
❷ 二代:这里指夏代和商代。
❸ 郁郁:文化繁盛的状貌。

子入大庙❶,每事问。或曰:"孰谓鄹(zōu)人之子❷知礼乎?入大庙,每事问。"子闻之,曰:"是礼也。"

译文

孔子进入太庙,每件事都要问。有人说:"谁说这个鄹人的儿子懂得礼呢?他到了太庙里,什么事都要问别人。"孔子听了,说:"这就是礼呀。"

注释

❶ 大庙：大，同"太"。古代君王的祖庙，这里是指周公庙。
❷ 鄹：又作"郰"，春秋时鲁国地名，在今山东曲阜附近。"鄹人"指孔子的父亲叔梁纥，"鄹人之子"指孔子。

子贡欲去告（gù）朔❶之饩（xì）羊❷。子曰："赐也！尔爱❸其羊，我爱其礼。"

译文

子贡提出要取消每月初一日告祭祖庙用的活羊。孔子说："赐呀，你爱惜那只羊，我爱惜的是礼啊。"

注释

❶ 告朔：朔，每月的第一天，初一。"告朔饩羊"是古代的一种制度，周天子每年秋冬之际，把第二年的历书颁发给诸侯，告知每个月的初一日，因此叫"颁告朔"诸侯接受这一历书，藏于祖庙，每逢初一，便杀一只活羊祭于庙，然后回到朝廷听政。这祭庙就是"告朔"。
❷ 饩羊：祭祀用的活羊。
❸ 爱：爱惜。

子曰:"居上不宽,为礼不敬,临丧不哀,吾何以观之哉?"

译文

孔子说:"居于领导地位的人不能宽厚待人,向人行礼却不真正尊重别人,参加丧礼也不真悲哀,我怎么能看得下去呢?"

出自本篇的成语

是可忍，孰不可忍　　杞宋无征

了如指掌　　告朔饩羊　　爱礼存羊

乐而不淫　　哀而不伤　　成事不说

既往不咎　　尽善尽美

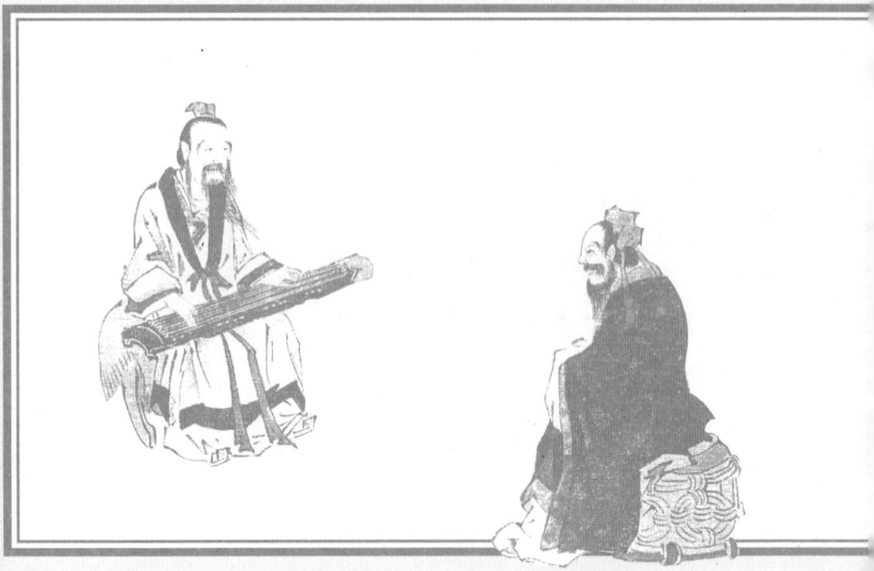

里仁篇 第四

本篇包括二十六章，几乎全为孔子的道德格言，内容主要涉及仁、孝、义、利、事君、交友等，尤其以论仁较为集中。本篇节选二十四章。

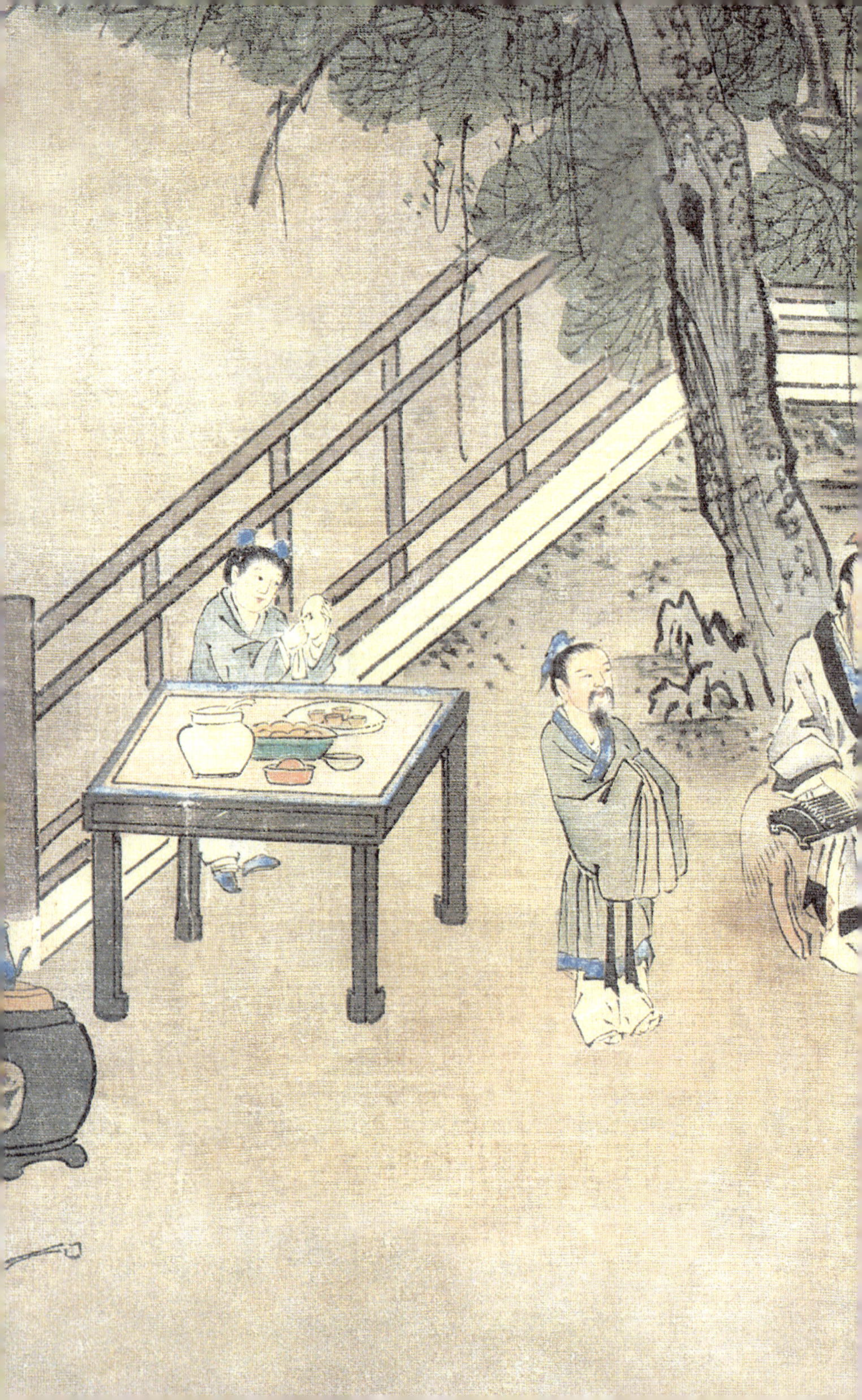

孔子带着弟子们到了齐国,受到了齐景公的热情招待,可并未被重用。郁郁不得志的孔子,便在闲暇之余向齐国的大音乐家——师襄学习弹琴。如有神会,孔子的琴技更加高明了。

子曰:"里仁❶为美❷。择不处❸仁,焉得知(zhì)?"

译文

孔子说:"住在有仁人君子的地方,才是好的。如果你不选择与仁人君子住在一起,怎么算得上明智呢?"

注释

❶ 里仁:里,居住,借作动词用。指住在有仁者的地方。
❷ 美:善,好。
❸ 处:居住。

子曰:"不仁者不可以久处约❶,不可以长处乐。仁者安仁❷,知者利仁❸。"

译文

孔子说:"没有仁德的人不能长久地处在贫困中,也不能长久地处在安乐中。仁者安于仁道,智者认为仁道符合长远利益,积极践行仁道。"

注释

❶ 约：穷困。

❷ 安仁：安于仁道。

❸ 利仁：认为仁道符合人生的长远利益，积极践行仁道。

子曰："惟仁者能好❶人，能恶❷人。"

译文

孔子说："只有仁者才能真正爱人和憎恶人。"

注释

❶ 好（hào）：作动词，喜爱。

❷ 恶（wù）：作动词，憎恶。

子曰："苟❶志于仁矣，无恶也。"

译文

孔子说："如果立志于仁，就不会做坏事了。"

注释

❶ 苟：如果。

子曰:"富与贵,是人之所欲也;不以其道得之,不处也。贫与贱,是人之所恶(wù)❶也;不以其道得之,不去❷也。君子去仁,恶(wū)❸乎成名?君子无终食❹之间违仁,造次❺必于是,颠沛❻必于是。"

译文

孔子说:"富贵是人人都想要的,但若不是以正当的方式获取它,君子就不会去占有。贫贱是人人都厌恶的,但若不以正当的方式去摆脱它,君子就不会去摆脱。君子丧失了仁德,还怎么成就他的名声呢?君子哪怕一顿饭的工夫也不能背离仁德,就是在最危急的时刻也必须遵守仁道,就是在潦倒困顿的时刻也必须遵行仁道。"

注释

❶ 恶:厌恶。
❷ 去:丧失,摆脱。
❸ 恶:疑问词,"怎么样、如何"的意思。
❹ 终食:一顿饭的工夫。
❺ 造次:仓促之间,最危急的时刻。
❻ 颠沛:潦倒困顿的时刻。

子曰:"我未见好(hào)仁者,恶(wù)不仁者。好仁者,无以尚之;恶不仁者,其为仁矣,不使不仁者加乎其身。有能一日用其力于仁矣乎?我未见力不足者。盖有之矣,我未之见也。"

译文

孔子说:"我没有见过爱好仁德的人,也没有见过厌恶不仁德的人。爱好仁德的人,再好不过了;厌恶不仁的人,他的仁德体现在不让不仁德的人影响自己。有能一整天将自己的精力放在实行仁德上的吗?我还没有看到精力不够的。可能会有这样的人,但我没见过。"

子曰:"人之过❶也,各于其党❷。观过,斯知仁矣。"

译文

孔子说:"人们犯的错误,总是与他是什么类别的人有关。考察一个人所犯的错误,就能知道他有没有仁德。"

注释

❶ 过:过错。
❷ 党:类别。

子曰:"朝闻道,夕死可矣。"

译文

孔子说:"早上懂得了道,哪怕当晚就死去也是可以的。"

子曰:"士志于道,而耻恶(è)衣恶食❶者,未足与议也。"

译文

孔子说:"士人有志于实践仁道,但却以粗劣的衣食为耻,这种人是不值得与他讨论什么的。"

注释

❶ 恶衣恶食:粗劣的衣服和食物。

子曰:"君子之于天下也,无适(dí)❶也,无莫❷也,义❸之与比❹。"

译文

孔子说:"君子对于天下的事,没有什么可以做,也没有什么不可以做,只要恰当就可以做。"

注释

❶ 适:可以。
❷ 莫:不可以。
❸ 义:恰当,适宜。
❹ 比:挨着,靠拢。

子曰:"君子怀❶德,小人怀土❷;君子怀刑❸,小人怀惠。"

译文

孔子说:"君子怀念的是道德,小人怀念的是乡土;君子考虑的是是否符合法度,小人考虑的是能否获得实惠。"

注释

❶ 怀:怀念。

② 土：乡土。
③ 刑：法度。

子曰："放（fǎng）①于利而行，多怨②。"

译文

孔子说："一切以个人的利益得失为原则行动，就会招致很多的怨恨。"

注释

① 放：同"仿"，依据，引申为"追求"。
② 怨：怨恨。

子曰："不患无位，患所以立。不患莫己知，求为可知也。"

译文

孔子说："不怕没有职位，就怕自己没有任职的才德。不怕没人知道自己，而去追求为人知的才德就可以了。"

子曰:"参(shēn)❶乎!吾道一以贯之❷。"曾子曰:"唯❸。"

子出,门人问曰:"何谓也?"曾子曰:"夫子之道,忠恕❹而已矣。"

译文

孔子说:"参啊!我讲的仁道是由一个总原则贯彻始终的。"曾子说:"是。"

孔子出去后,学生们便问曾子:"老师说的是什么意思呢?"曾子说:"老师的仁道,就是'忠'与'恕'而已。"

注释

❶ 参:曾参,即曾子。

❷ 一以贯之:"以一贯之"的倒装,"以一个总原则贯彻始终"的意思。

❸ 唯:表示肯定的答语,相当于"是"。

❹ 忠恕:根据《论语》中孔子的解释,"己欲立而立人,己欲达而达人"为"忠";"己所不欲,勿施于人"为"恕"。

子曰:"君子喻❶于义,小人喻于利。"

译文

孔子说:"君子明白的是义,小人明白的是利。"

注释

❶喻:明白,成语"不可理喻""不言而喻"中的"喻"也是这个意思。

子曰:"见贤思齐焉,见不贤而内自省也。"

译文

孔子说:"见到贤人,就应向他看齐;见到不贤的人,就应反省自己有没有与他类似的缺点。"

子曰:"事父母几(jī)❶谏,见志❷不从,又敬不违,劳❸而不怨。"

译文

孔子说:"侍奉父母,如果他们有不对的地方,要委婉地劝谏。

即使他们不听从自己的意见,也要对他们恭敬而不违抗,虽劳苦但不怨恨。"

注释

❶ 几:委婉。
❷ 志:意见。
❸ 劳:劳苦。

子曰:"父母在,不远游❶,游必有方❷。"

译文

孔子说:"父母在世,不要远离家乡;不得已而出门到远方,也要有确定的地方。"

注释

❶ 远游:到很远的地方。
❷ 方:确定的地方。

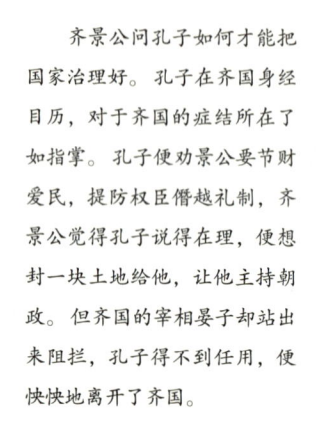

齐景公问孔子如何才能把国家治理好。孔子在齐国身经目历，对于齐国的症结所在了如指掌。孔子便劝景公要节财爱民，提防权臣僭越礼制，齐景公觉得孔子说得在理，便想封一块土地给他，让他主持朝政。但齐国的宰相晏子却站出来阻拦，孔子得不到任用，便怏怏地离开了齐国。

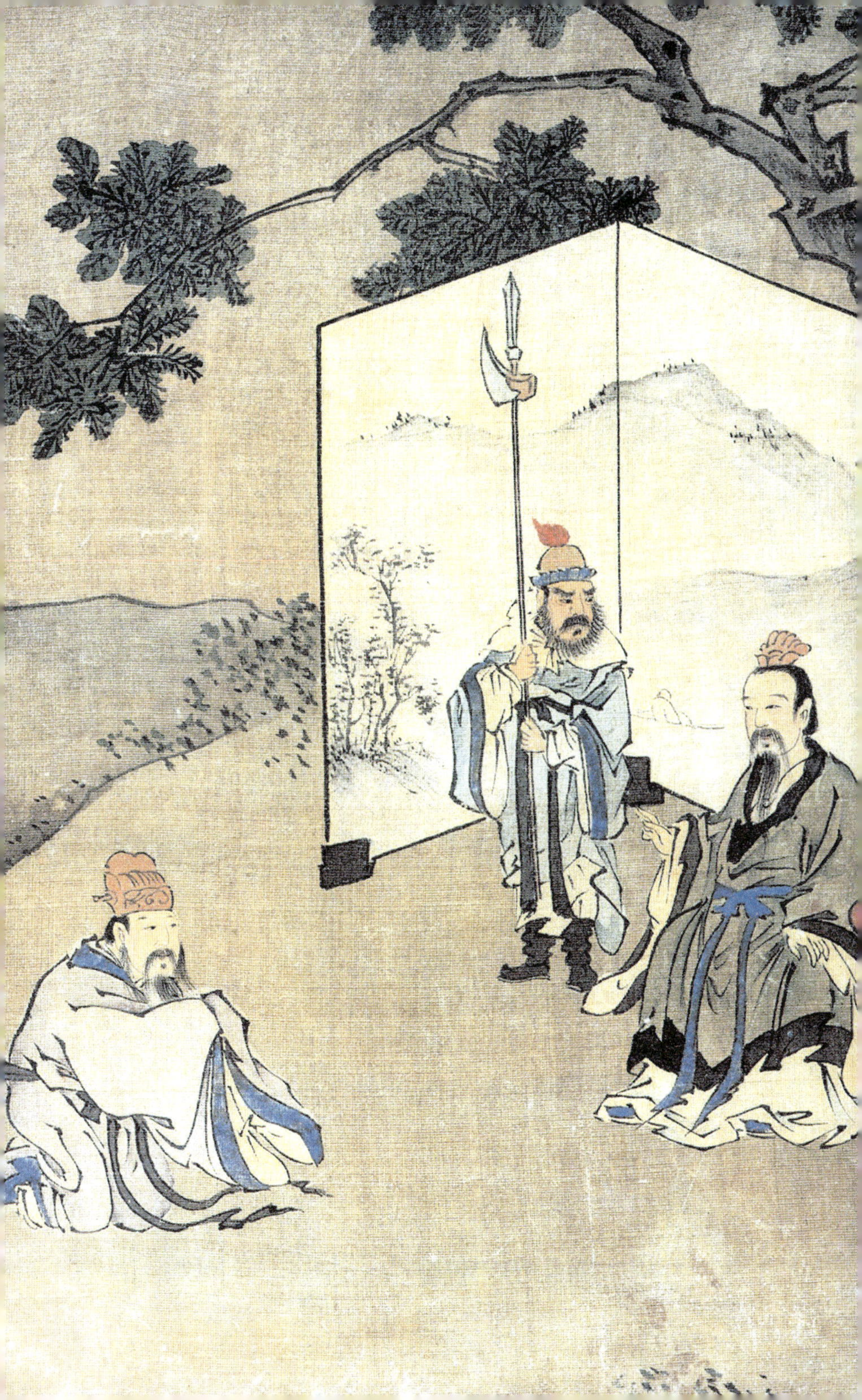

子曰:"父母之年,不可不知也。一则以喜,一则以惧。"

译文

孔子说:"父母的年纪,不可不知道。一方面为他们的长寿而高兴,一方面又为他们的衰老而恐惧。"

子曰:"古者❶言之不出,耻躬❷之不逮(dài)❸也。"

译文

孔子说:"古时的人不轻易把话说出口,是因为他们以行为赶不上言语为耻辱。"

注释

❶ 古者:生活在古代的人。
❷ 躬:自身。
❸ 逮:赶得上。

子曰:"以约❶失之者鲜(xiǎn)矣。"

译文

孔子说:"因约束自我而犯错误的人很少。"

注释

❶ 约:约束。

子曰:"君子欲讷(nè)❶于言而敏❷于行。"

译文

孔子说:"君子言语要迟钝些,而行动要敏捷些。"

注释

❶ 讷:言语迟钝。
❷ 敏:敏捷。

子曰:"德不孤,必有邻。"

译文

孔子说:"有德行的人是不会孤单的,必有志同道合的人与他做伴。"

子游曰:"事君数(shuò)❶,斯辱矣;朋友数,斯❷疏矣。"

译文

子游说:"侍奉君主太过烦琐,就会受到羞辱;对待朋友太过烦琐,就会被疏远。"

注释

❶ 数:屡次,多次,引申为"烦琐"的意思。
❷ 斯:就。

出自本篇的成语

里仁为美　　造次颠沛　　观过知仁
朝闻夕死　　恶衣恶食　　无适无莫
一以贯之　　见贤思齐　　游必有方
讷言敏行

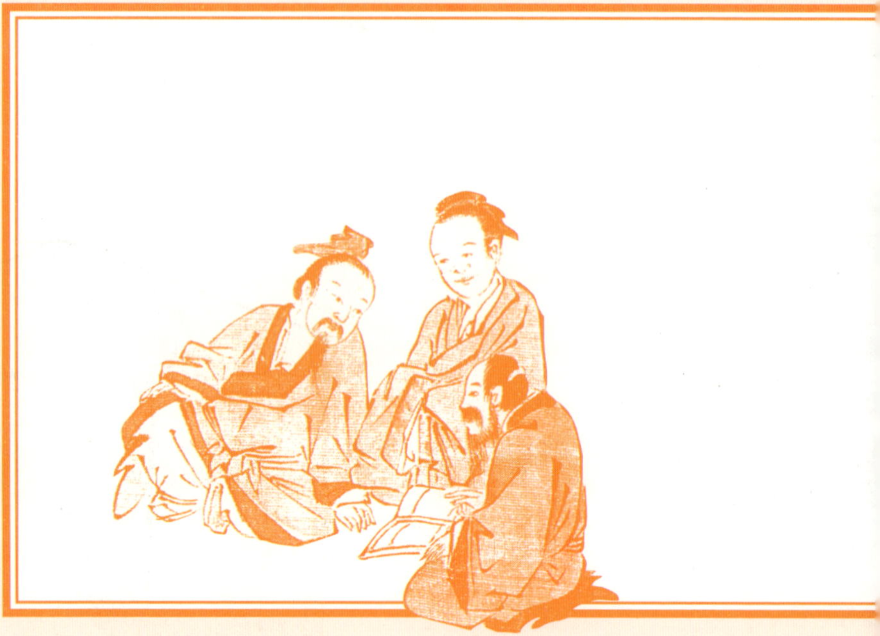

公冶长篇 第五

本篇共计二十八章,内容涉及修养、处事、政事等问题。本篇以评论人物为多,其中有孔子对门下弟子的评价,也有对当时人物以及古人的评论,从中我们可以看出孔子的主张。本篇节选十七章。

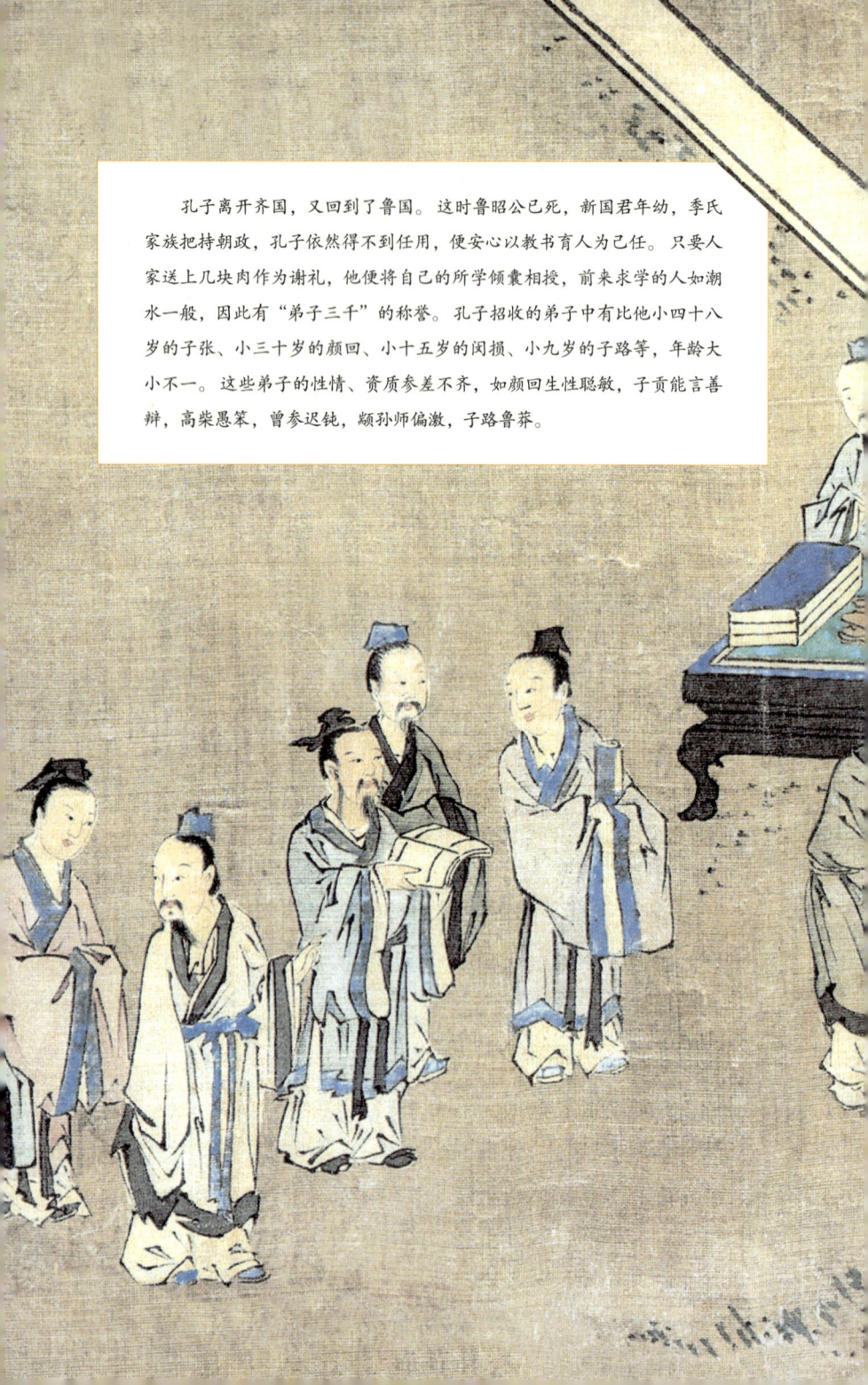

孔子离开齐国，又回到了鲁国。这时鲁昭公已死，新国君年幼，季氏家族把持朝政，孔子依然得不到任用，便安心以教书育人为己任。只要人家送上几块肉作为谢礼，他便将自己的所学倾囊相授，前来求学的人如潮水一般，因此有"弟子三千"的称誉。孔子招收的弟子中有比他小四十八岁的子张、小三十岁的颜回、小十五岁的闵损、小九岁的子路等，年龄大小不一。这些弟子的性情、资质参差不齐，如颜回生性聪敏，子贡能言善辩，高柴愚笨，曾参迟钝，颛孙师偏激，子路鲁莽。

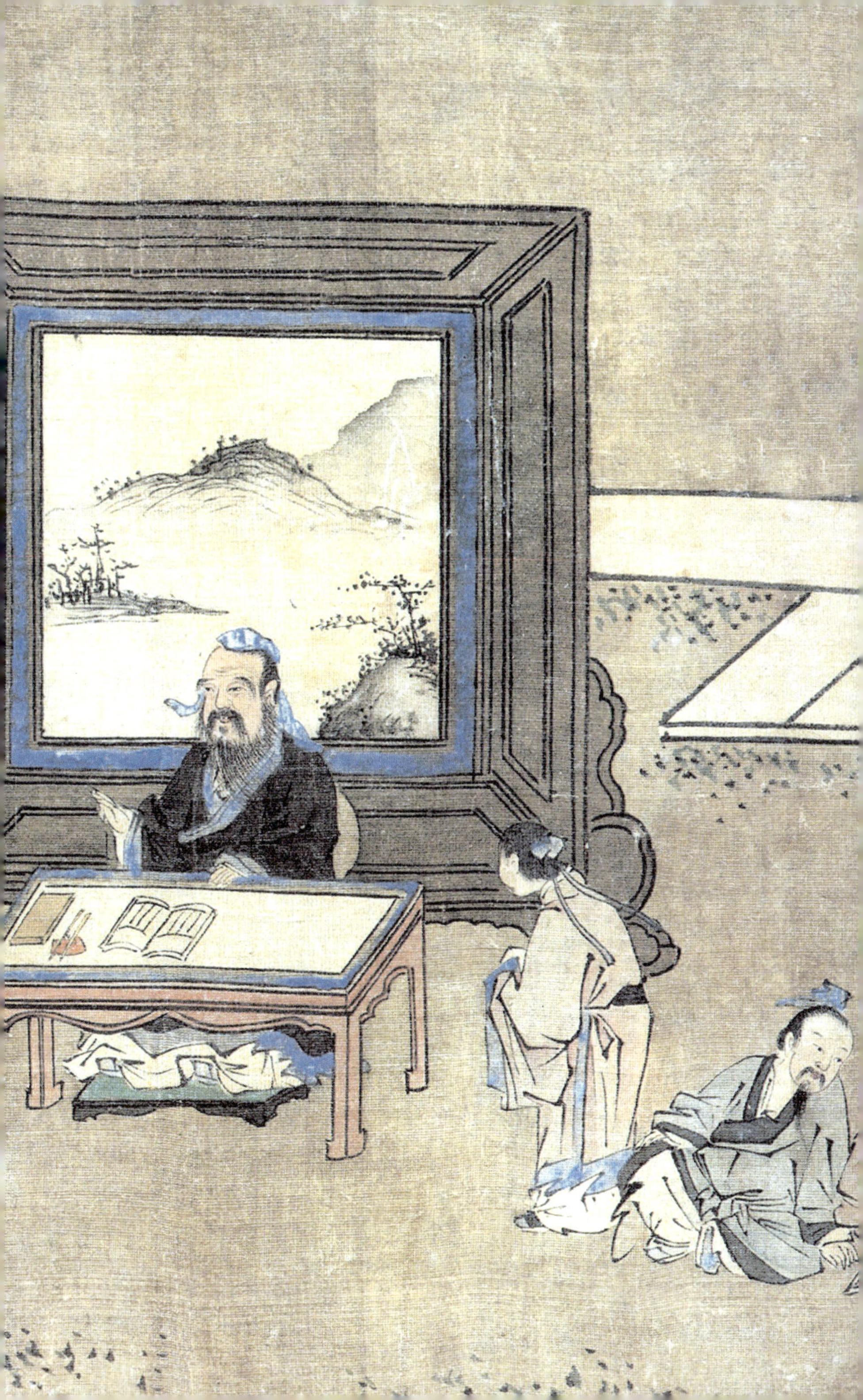

子谓公冶长❶:"可妻也。虽在缧(léi)绁(xiè)❷之中,非其罪也。"以其子❸妻之。

译文

孔子评论公冶长说:"可以把女儿嫁给他。他虽然被关在监狱里,但那并不是他的罪过。"于是,孔子就把自己的女儿嫁给了他。

注释

❶ 公冶长:姓公冶,名长,齐国人,孔子的弟子。
❷ 缧绁:捆绑犯人用的绳索,这里指"监狱"。
❸ 子:古代对儿子、女儿均称为"子",这里是指孔子的女儿。

子贡问曰:"赐也何如?"子曰:"女,器也。"曰:"何器也?"曰:"瑚(hú)琏(lián)❶也。"

译文

子贡问道:"您觉得我怎么样?"孔子说:"你呀,好比一个器具。"子贡问:"是什么器具呢?"孔子说:"瑚琏。"

注释

❶ 瑚琏:古代祭祀时盛粮食的器具,贵重又华美。

或曰:"雍❶也仁而不佞(nìng)❷。"子曰:"焉用佞? 御人以口给(jǐ)❸,屡憎于人。不知其仁❹,焉用佞?"

译文

有人说:"冉雍有仁德但口才不好。"孔子说:"为什么一定要能言善辩呢? 巧嘴利舌地和别人辩驳,常招人讨厌。这样的人我不知道他是否具有仁德,但为什么一定要能言善辩呢?"

注释

❶ 雍:冉雍,字仲弓,孔子的学生。
❷ 佞:能言善辩。
❸ 口给:口才敏捷。
❹ 不知其仁:指有口才者有仁与否不可知。

子曰："道不行，乘桴（fú）❶浮于海。从❷我者，其由与！"子路闻之喜。子曰："由也好勇过我，无所取材。"

译文

孔子说："如果我主张的仁道不能通行于世，我就乘上木筏漂荡到海外。那时能跟从我的大概只有仲由吧！"子路听到这话很高兴。孔子说："仲由啊，除了喜好勇武超过了我，其他就没有什么可取的才能了。"

注释

❶ 桴：木筏。
❷ 从：随从。

子谓子贡曰："女（rǔ）与回也孰愈❶？"对曰："赐也何敢望❷回？回也闻一以知十，赐也闻一以知二。"子曰："弗如也，吾与女弗如也。"

译文

孔子对子贡说："你和颜回相比，谁更好一些呢？"子贡回答

说："我怎么敢和颜回相比呢？颜回听到一件事就可以推知十件事，而我听到一件事，只能推知两件事。"孔子说："是不如他呀，我和你都不如他。"

注释

❶ 愈：胜过、超过。
❷ 望：比较、比量。

宰予昼寝。子曰："朽木不可雕也，粪土❶之墙不可杇（wū）❷也，于予❸与❹何诛❺！"子曰："始吾于人也，听其言而信其行；今吾于人也，听其言而观其行。于予与改是。"

译文

宰予在白天睡觉。孔子说："腐朽的木头无法雕琢，粪土垒起的墙无法粉刷。对于宰予，责备还有什么用！"孔子又说："起初我对于人，听了他的话便相信他的行为；现在我对于人，听了他的话还要再考察他的行为。是宰予使我改变的。"

注释

❶ 粪土：腐土。

❷ 杇：抹墙用的工具。这里指粉刷墙壁。
❸ 予：与下面的"予"都指宰予。
❹ 与：语气词。
❺ 诛：责备。

子贡曰："我不欲人之加❶诸我也，吾亦欲无加诸人。"子曰："赐也，非尔所及也。"

译文

子贡说："我不愿别人强加于我，我也不愿强加于人。"孔子说："赐呀，这不是你能做到的。"

注释

❶ 加：强加，欺凌。

子路有闻，未之能行，惟恐有❶闻。

译文

子路听到一个道理，在没实践之前，唯恐又听到新的道理。

注释

❶ 有：同"又"。

　　子贡问曰："孔文子❶何以谓之'文'也？"子曰："敏❷而好学，不耻下问，是以谓之'文'也。"

译文

　　子贡问道："孔文子的谥号为什么是'文'字呢？"孔子说："因为他勤勉而好学，不以向能力不及他的人请教为耻，所以给他的谥号为'文'。"

注释

❶ 孔文子：卫国大夫孔圉（yǔ），"文"是谥号，"子"是尊称。
❷ 敏：勤勉。

　　子谓子产❶："有君子之道四焉：其行己也恭❷，其事上也敬，其养民也惠，其使民也义。"

译文

孔子评论子产时说:"他有君子的四种品德:他立身行事谦逊有礼,侍奉君主恭敬有礼,教养百姓恩惠有加,役使百姓符合道义。"

注释

❶ 子产:公孙侨,字子产,春秋时郑国的贤相。
❷ 恭:恭敬、谦逊。

子曰:"宁武子❶,邦有道❷则知;邦无道则愚❸。其知可及也,其愚不可及也。"

译文

孔子说:"宁武子这个人,当国家政治清明时,他就显得聪明;当国家政治危乱时,他就显得愚钝。他的聪明别人也能做到,但他的愚钝就不是人人都能做到的。"

注释

❶ 宁武子:宁俞,卫国大夫,"武"是他的谥号。
❷ 有道:政治清明。
❸ 愚:愚钝。

子曰:"伯夷、叔齐❶不念旧恶,怨是用希❷。"

译文

孔子说:"伯夷、叔齐两个人不记过去的仇恨,因此,人们对他们的怨恨也很少。"

注释

❶ 伯夷、叔齐:商朝末年孤竹君的两个儿子。周灭商后,他们隐居首阳山,以吃周朝的粮食为耻,最后被饿死。
❷ 怨是用希:"怨用是希"的倒装。是,代词,此。用,因为。希,同"稀",稀少。

子曰:"孰谓微生高❶直?或乞醯(xī)❷焉,乞诸其邻而与之。"

译文

孔子说:"谁说微生高这个人正直?有人向他借点儿醋,他没有,却不说,而是到邻居家里借了点儿给人家。"

注释

❶ 微生高:姓微生,名高,鲁国人。
❷ 醯:醋。

子曰:"巧言、令色、足恭❶,左丘明❷耻之,丘❸亦耻之。匿怨❹而友其人,左丘明耻之,丘亦耻之。"

译文

孔子说:"花言巧语,伪善的脸色,过分恭敬,左丘明认为这种态度可耻,我也认为可耻。把怨恨隐藏在心里,表面上却装出友好的样子,左丘明认为这种行为可耻,我也认为可耻。"

注释

❶ 足恭:过分恭敬。
❷ 左丘明:鲁国人,史官,相传是《左传》一书的作者。
❸ 丘:孔子名丘,这里是自称。
❹ 匿怨:将怨恨隐藏于内心。

颜渊、季路❶侍❷。子曰:"盍(hé)❸各言尔志?"

子路曰:"愿车马,衣(yì)❹轻裘,与朋友共,敝❺之而无憾。"

颜渊曰:"愿无伐❻善,无施劳❼。"

子路曰:"愿闻子之志。"

子曰:"老者安之,朋友信之,少者怀❽之。"

译文

颜渊、子路侍立在孔子身边。孔子说:"何不各自说说你们的志向呢?"

子路说:"我愿意将自己的车马、衣袍与朋友共同享用,即使坏了也不抱怨。"

颜渊说:"我愿意不夸耀自己的长处,不夸大自己的功劳。"

子路向孔子说:"愿意听听您的志向。"

孔子说:"我的志向是让年老的人安心,让朋友信任,让年幼的人得到关怀。"

注释

❶ 季路:即子路。
❷ 侍:服侍。
❸ 盍:何不。
❹ 衣:穿。
❺ 敝:破弊。
❻ 伐:夸耀。
❼ 施劳:施,夸大。劳,功劳。
❽ 怀:关怀。

子曰:"已矣乎!吾未见能见其过❶而内自讼❷者也。"

译文

孔子说:"算了吧!我还没见过能够察觉到自己的错误而又能在内心自责的人。"

注释

❶ 过:过错。
❷ 内自讼:在内心责备自己。

子曰:"十室之邑,必有忠信如丘者焉,不如丘之好学也。"

译文

孔子说:"即使只有十户人家的地方,也一定有像我这样讲忠信的人,只是不如我好学罢了。"

出自本篇的成语

瑚琏之器　闻一知十　朽木难雕
朽木粪土　听其言而观其行
敏而好学　不耻下问　善与人交
三思而行　愚不可及　斐然成章
不念旧恶　安老怀少　计过自讼

鲁国国君的权力下移，为季氏家族把持，可季氏家族的权力也逐渐为一个叫阳货的家臣所窃取。这阳货野心勃勃，一心想要控制鲁国的朝政。他不能得到在朝大臣的支持，便想到了在野而又有影响力的孔子。可他几次三番拜见孔子，都被婉言谢绝了。于是，他便心生一计——趁孔子不在家时，带了一头蒸熟了的小猪来拜访他。他心想，见不到孔子，可礼品总会被他的门人收下，待孔子回来，看见收受的礼物，必定会登门回礼，这样不就既能见到孔子又不至于失了面子吗！谁知孔子知道礼品是阳货送来的，心知是他的计策，便也专挑了一个阳货不在家的时机去回礼。可事有凑巧，孔子与阳货竟在路上撞见了。阳货便劝孔子出来做官，孔子只得嘴上答应着，但却并无做官的打算。

雍也篇 第六

本篇共计三十章，主要涉及『中庸之道』『恕』『道』等重要思想，以及『仁德』的培养。有几章是孔子对学生颜回的评价，颜回是他最欣赏的学生。本篇节选二十三章。

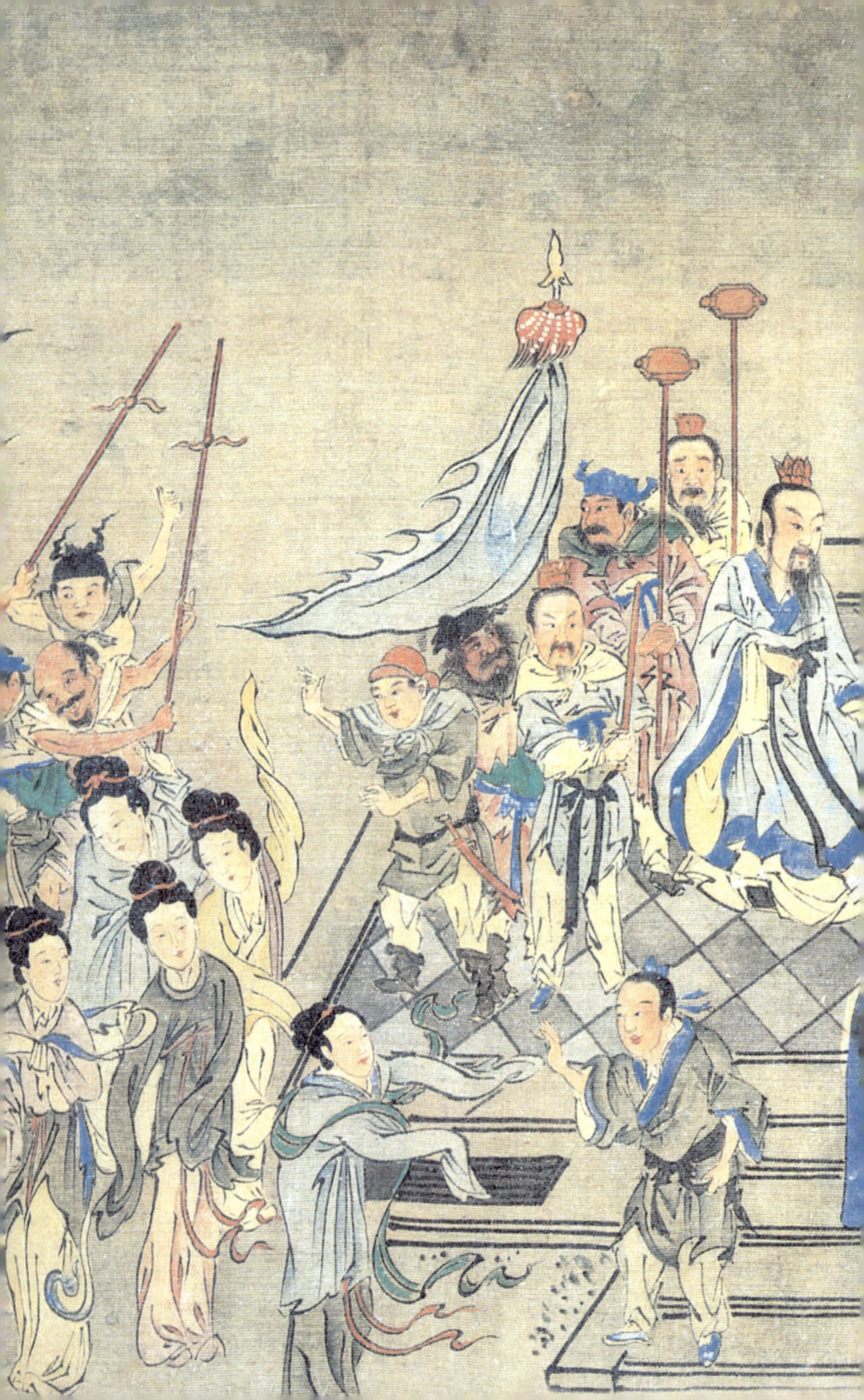

那个野心勃勃地怂恿孔子出来做官的阳货果真在鲁国作起乱来。一场厮杀落败，阳货逃到了齐国。季氏家族经过一场风波，痛定思痛，决定任用孔子以改变局面。当朝的鲁定公早慕孔子之名，也乐见孔子出山。不久，鲁定公便启用孔子为中都宰，继而在一年之内，又先后调任孔子为管理水利、营建的司空和负责刑狱、纠察的司寇。齐景公见鲁国局势渐稳，又得孔子辅佐，便打着会盟的幌子，巧设阴谋，意图震慑鲁国。鲁国君主与贵族们计议，一致认为孔子是前往夹谷主持会盟的绝佳人选。夹谷会盟当日，齐国果然暗自集结莱地的夷人，图谋劫持鲁定公。全靠孔子的有勇有谋，据理力争，齐景公的阴谋才被挫败。

哀公问:"弟子孰为好(hào)学?"孔子对曰:"有颜回者好学,不迁怒❶,不贰过❷。不幸短命死矣❸,今也则亡(wú)❹,未闻好学者也。"

译文

鲁哀公问:"您的学生中谁好学?"孔子回答说:"有一个叫颜回的学生好学,他不迁怒于别人,不重复犯错。不幸短命死了。现在没有这样的人了,再没有听说谁是好学的。"

注释

❶ 迁怒:把对一个人的怒气发泄到另一个人身上。
❷ 贰过:重复犯错。贰,重复,一再。
❸ 短命死矣:颜回死时年仅三十一岁。
❹ 亡:同"无"。

子华❶使于齐,冉子❷为其母请粟❸。子曰:"与之釜(fǔ)❹。"请益❺。曰:"与之庾(yǔ)❻。"冉子与之粟五秉❼。子曰:"赤之适齐也,乘肥马,衣(yì)轻裘。吾闻之也:君子周❽急不继富。"

译文

公西赤出使齐国，冉有替他的母亲向孔子请求借些小米。孔子说："给他六斗四升。"冉求请求再增加一些。孔子说："再给他二斗四升。"结果冉求给了他八十斛。孔子说："公西赤到齐国去，乘坐的是肥马驾的车，穿的是轻便暖和的皮袍。我听说，君子只周济危难的人，而不是周济富人。"

注释

❶ 子华：姓公西，名赤，字子华，孔子的学生。
❷ 冉子：冉有，孔子的学生。
❸ 粟：小米。
❹ 釜：古代量名，一釜约等于六斗四升，即大约二十四斤。
❺ 益：增加。
❻ 庾：古代量名，一庾等于二斗四升，即大约九斤半。
❼ 秉：古代量名，一秉等于十六斛，一斛等于十斗，即大约六百四十斤。
❽ 周：周济，救济。

原思❶为之宰❷，与之粟九百，辞。子曰："毋，以与尔邻里乡党乎！"

译文

原思给孔子当管家,孔子给他小米九百,原思推辞不要。孔子说:"不要推辞,你要是觉得多,可以给你的邻居乡亲们。"

注释

❶ 原思:原宪,字子思,鲁国人,孔子的学生。曾做孔子家的总管。
❷ 宰:家宰,管家。

子曰:"回也,其心三月❶不违仁,其余则日月❷至焉而已矣。"

译文

孔子说:"颜回这个人,他的心可以长时间不违背仁德,其余的学生只是短时间内不违背罢了。"

注释

❶ 三月:指较长的时间。
❷ 日月:指较短的时间。

季康子问:"仲由可使从政也与?"子曰:"由也果❶,于从政乎何有❷?"

曰:"赐也可使从政也与?"曰:"赐也达❸,于从政乎何有?"

曰:"求也可使从政也与?"曰:"求也艺❹,于从政乎何有?"

译文

季康子问孔子:"我可以让仲由处理国家政事吗?"孔子说:"仲由做事果断,处理国家政事对他有什么困难呢?"

季康子又问:"我可以让端木赐处理国家政事吗?"孔子说:"端木赐通达事理,处理国家政事对他有什么困难呢?"

又问:"我可以让冉求处理国家政事吗?"孔子说:"冉求多才多艺,处理国家政事对于他有什么困难呢?"

注释

① 果：果断。

② 何有：反问语气，表示没什么困难。

③ 达：通达。

④ 艺：多才多艺。

伯牛①有疾，子问之，自牖（yǒu）②执其手，曰："亡（wú）之，命③矣夫！斯人也而有斯疾也！斯人也而有斯疾也！"

译文

伯牛生病了，孔子去探望他。孔子从窗户握着他的手说："没办法啊，这就是命运啊！这样的人竟会得这样的病啊！这样的人竟会得这样的病啊！"

注释

① 伯牛：冉耕，字伯牛，鲁国人，孔子的学生。

② 牖：窗户。

③ 命：命运。

子曰："贤哉，回也，一箪（dān）❶食，一瓢饮，在陋巷，人不堪❷其忧，回也不改其乐。贤哉，回也。"

译文

孔子说："颜回真是贤达啊！一箪饭，一瓢水，住在简陋的巷子里，别人都忍受不了这种穷困清苦带来的忧愁，颜回却没有改变他的快乐。颜回是多么贤达啊！"

注释

❶ 箪：古代盛饭用的竹器。
❷ 堪：承受。

冉求曰："非不说（yuè）子之道，力不足也。"子曰："力不足者，中道而废。今女画❶。"

译文

冉求说："我不是不喜欢老师的仁道，只是我能力不足。"孔子说："能力不足到了中途才会停下来。现在你在起点上便停止了。"

注释

❶ 画：停止。

子谓子夏曰："女为君子儒，无为小人儒！"

译文

孔子对子夏说："你要做君子式的儒者，不要做小人式的儒者！"

子游为武城宰❶。子曰："女得人焉尔乎？"曰："有澹（tán）台灭明❷者，行不由径❸，非公事，未尝至于偃❹之室也。"

译文

子游做武城的长官。孔子说："你在那里得到什么人才了吗？"子游回答说："有一个叫澹台灭明的人，走路不抄小道，没有公事从不到我屋子里来。"

注释

❶ 武城宰：武城，鲁国城邑，在今山东费县境内。宰，地方行政官，考官。

❷ 澹台灭明：姓澹台，名灭明，字子羽，武城人。

❸ 径：小路。

❹ 偃：言偃，子游的自称。

子曰："孟之反❶不伐❷，奔❸而殿❹，将入门，策其马，曰：'非敢后也，马不进也。'"

译文

孔子说："孟之反这个人不夸耀自己。败退的时候，他殿后掩护全军。快进城门时，他鞭打着自己的马说：'并非我敢于殿后，是马跑不快啊。'"

注释

❶ 孟之反：名侧，鲁国大夫。

❷ 伐：夸耀。

❸ 奔：败走。

❹ 殿：殿后，在全军的后部作掩护。

子曰："质❶胜文❷则野❸，文胜质则史❹。文质彬彬❺，然后君子。"

译文

孔子说:"质朴多于文采,就显得粗野;文采多于质朴,就流于浮夸。只有文采和质朴搭配得当,才能称为君子。"

注释

❶ 质:朴实,无修饰的。
❷ 文:文采,经过修饰的。
❸ 野:粗野。
❹ 史:浮夸。
❺ 彬彬:文与质兼备。

子曰:"人之生也直❶,罔❷之生也幸而免。"

译文

孔子说:"一个人立身行事是由于正直,而不正直的人虽也能生活,但只是侥幸避免了灾祸。"

注释

❶ 直:正直。
❷ 罔:诬罔不直的人。

子曰:"知之者不如好(hào)之者,好之者不如乐之者。"

译文

孔子说:"懂得它的人,不如爱好它的人;爱好它的人,又不如以它为乐的人。"

子曰:"中人以上,可以语上也;中人以下,不可以语上也。"

译文

孔子说:"具备中等才智以上的人,才可以对他讲授高深的学问;而中等才智以下的人,是不可以对他讲高深的学问的。"

樊迟问知(zhì)。子曰:"务❶民之义,敬鬼神而远之,可谓知矣。"

问仁。曰:"仁者先难而后获❷,可谓仁矣。"

译文

樊迟问孔子怎么做才算是有智慧。孔子说:"专心致力于做符合百姓道义的事,尊敬鬼神但要远离它,就可以说是有智慧了。"

樊迟又问怎么做才是有仁德。孔子说:"仁人先付出辛苦再收获报酬,这可以说是有仁德了。"

注释

❶ 务:致力于。
❷ 先难而后获:难,付出。获,报酬。

子曰:"知者乐(yào)❶水,仁者乐(yào)山。知者动,仁者静。知者乐,仁者寿。"

译文

孔子说:"智慧的人喜爱水,仁德的人喜爱山。智慧的人活泼,仁德的人沉静。智慧的人快乐,仁德的人长寿。"

注释

❶ 乐:喜爱。

子曰："觚（gū）❶不觚，觚哉！觚哉！"

译文

孔子说："觚不再像个觚了，觚啊！觚啊！"

注释

❶ 觚：古代盛酒的器具，上圆下方，有棱，容量有二升。

宰我问曰："仁者，虽告之曰'井有仁❶焉'，其从之❷也？"子曰："何为其然也？君子可逝❸也，不可陷❹也；可欺也，不可罔❺也。"

译文

宰我问道："对于仁德的人，若告诉他井里就有'仁道'，他会因此跳下去吗？"孔子说："怎么会这么做呢？君子可以向往仁道，却不会走入陷阱；君子可以被欺骗，但不可以被愚弄。"

注释

❶ 仁：仁道。
❷ 从之：这里是指跳入井中。

❸ 逝：往。

❹ 陷：陷害。

❺ 罔：愚弄。

子曰："君子博学于文，约❶之以礼，亦可以弗畔❷矣夫❸！"

译文

孔子说："君子广泛地学习古代的文献典籍，又以礼仪来约束自己，也就不会离经叛道了。"

注释

❶ 约：约束。

❷ 弗畔：弗，否定词。畔，同"叛"。

❸ 矣夫：语气词，表示较强烈的感叹。

子见南子❶，子路不说（yuè）❷。夫子矢❸之曰："予❹所否❺者，天厌之！天厌之！"

译文

孔子去见南子,子路不高兴。孔子发誓道:"如果我做了什么不正当的事,就让上天厌弃我吧!让上天厌弃我吧!"

注释

① 南子:卫灵公的夫人。她操纵卫国政权,且有不正当的行为。
② 说:同"悦"。
③ 矢:同"誓",发誓。
④ 予:我。
⑤ 否:做了不正当的事。

子曰:"中庸❶之为德也,其至矣乎!民鲜久矣。"

译文

孔子说:"中庸作为一种品德,是最高的了吧!人们缺少这种品德已经很久了。"

注释

① 中庸:中,不偏不倚,不走极端。庸,平常。

子贡曰:"如有博施(shī)①于民而能济②众,何如?可谓仁乎?"子曰:"何事于仁?必也圣乎!尧舜③其犹病诸④!夫(fú)⑤仁者,己欲立而立人,己欲达而达人。能近取譬⑥,可谓仁之方也已。"

译文

子贡说:"假若有一个人能广泛地施惠于百姓,又能救助大众,您觉得他怎么样?可以算是达到仁的境界了吗?"孔子说:"何止是到了仁的境界,简直到了圣的境界了!与之相比,就连尧、舜也算有毛病的。'仁'作为一种境界,就是让自己站得住,也要想着让别人能站得住;让自己过得顺畅,也要想到让别人顺畅。凡事能就近以自己的情况作比而想到别人,推己及人,这可以说就是实行仁的方法了。"

注释

① 施:施惠。
② 济:救助。
③ 尧舜:传说中上古帝王,儒家认为的圣人。
④ 病诸:病,毛病。诸,"之于"的合音。
⑤ 夫:句首发语词。
⑥ 能近取譬:能够就自身打比方,这里是"推己及人"的意思。

出自本篇的成语

行不贰过　肥马轻裘　迁怒于人
周急继乏　箪食瓢饮　不改其乐
不堪其忧　敬而远之　文质彬彬
行不由径　先难后获　乐山乐水
博文约礼　从井救人　博施济众
立人达人

夹谷之会的"外交"胜利使孔子在鲁国的声势得到极大提升，这引起了季氏家族的警惕。而孔子抓住了这个有利时机，开始了他政治理想的实践。在他的大弟子子路的鼎力支持下，孔子开始着手削弱那些过于膨胀的地方家臣的权力。他开展了一项"堕都"运动，就是将那些地方上违反规制的城邑的城墙捣毁。刚一开始，鲁国的孟氏、仲氏、季氏三大贵族为了借此削弱手下家臣的权力也大力支持，可后来运动愈演愈烈，危及自身利益时，他们便开始强烈抵制。孔子和他的弟子们也成了贵族们的眼中钉，变得不受待见了。

述而篇 第七

本篇共计三十八章,涉及孔子的人格形象、教育思想、学习态度,以及仁德等道德范畴的阐释,其中很多言论多为后世所引用。本篇节选二十一章。

齐景公一直密切观察着鲁国的动态，他一见孔子失势，便立即派人给鲁定公送上了华丽的马车和能歌善舞的歌姬，意图消磨鲁定公的斗志。结果，季氏家族的头领季桓子却接受了，并且三天都没有上朝。孔子对鲁国的政局大失所望。

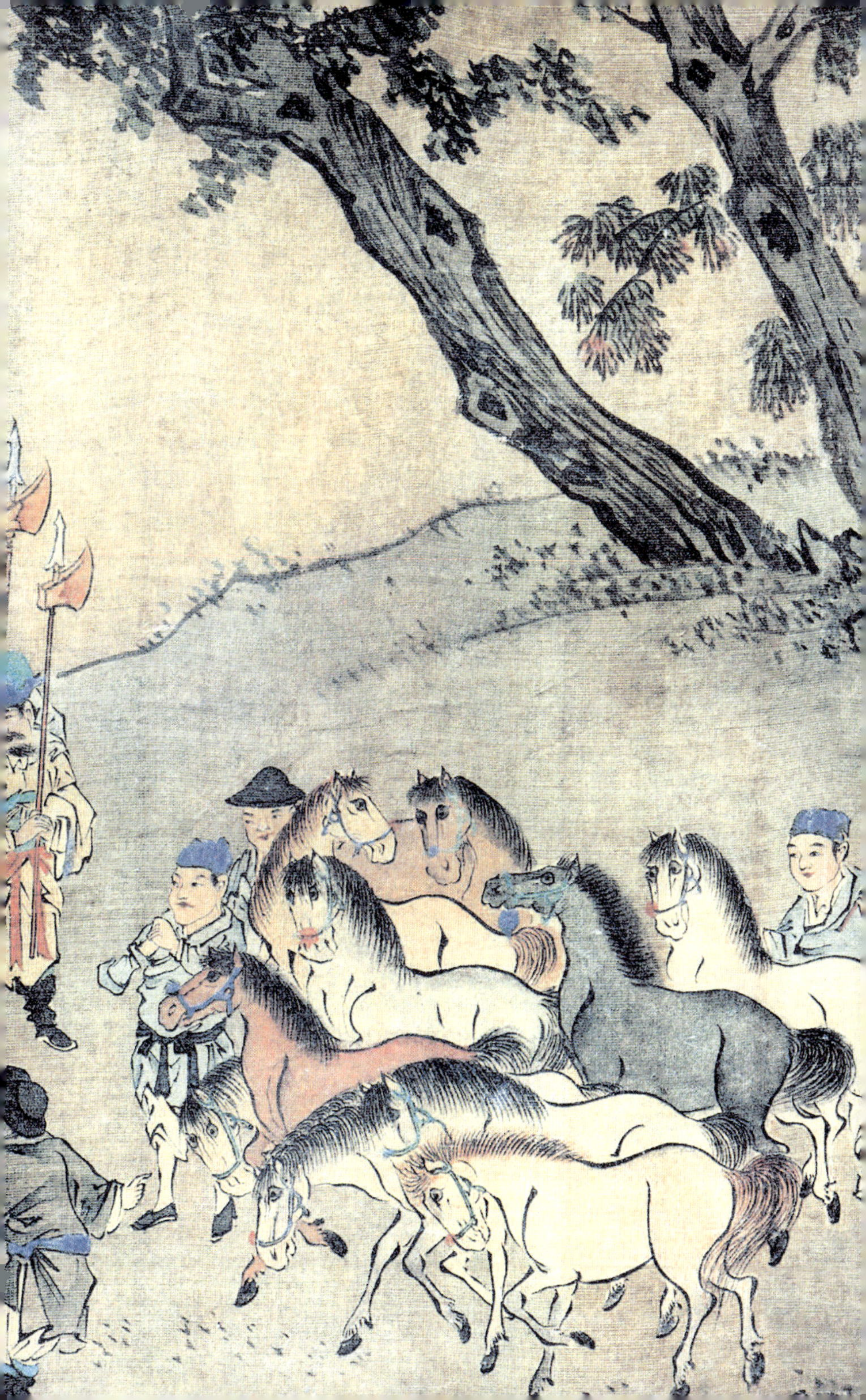

子曰："述而不作❶，信而好古，窃❷比于我老彭❸。"

译文

孔子说："只阐述而不创作，信仰、喜好古代文化，我私下里把自己比作老彭。"

注释

❶ 述而不作：述，阐释。作，创作。
❷ 窃：私下。
❸ 老彭：人名，有人说是殷商时代的彭祖。

子曰："默而识（zhì）❶之，学而不厌，诲❷人不倦，何有于我哉❸？"

译文

孔子说："默默地记住所学的知识，学习但不觉得厌烦，教人而不知疲倦，这对我来说有什么困难呢？"

注释

❶ 识：记住。

❷ 诲：教诲。

❸ 何有于我哉：对我来说有什么困难呢？

子曰："德之不修，学之不讲，闻义不能徙（xǐ）❶，不善不能改，是吾忧也。"

译文

孔子说："品德不培养，学问不讲习，听到了正义之道不能践行，有了缺点不能改正，这些是我所忧虑的。"

注释

❶ 徙：赶往，奔赴。这里是"践行"的意思。

子曰："志于道，据于德，依于仁，游于艺❶。"

译文

孔子说："以'道'为志向，以'德'为根据，以'仁'为依靠，游习于六艺。"

注释

❶ 艺:指孔子教授学生的六艺,即礼、乐、射(射箭)、御(御车)、书、数(算法)。

子曰:"自行束脩(xiū)❶以上,吾未尝无诲焉。"

译文

孔子说:"只要是主动地拿十条干肉为礼来见我的,我没有不教他们的。"

注释

❶ 束脩:脩,干肉脯。"束脩"就是十条干肉。"束脩"后成为学费的代名词。

子曰:"不愤❶不启❷,不悱(fěi)❸不发❹。举一隅(yú)❺不以三隅反,则不复❻也。"

译文

孔子说:"教育学生,不到他苦思冥想仍无法领会时,就不去启发他;不到他想说又说不出时,不去引导他。教给他一个方面的知识,他若不能举一反三,就不要重复教他了。"

注释

① 愤：苦思冥想仍无法领会的样子。
② 启：启发，开启。
③ 悱：想说但就是说不出的样子。
④ 发：引发，引导。
⑤ 隅：角落，比喻某一方面的知识。
⑥ 复：重复。

子谓颜渊曰："用之则行，舍之则藏①，惟我与尔有是夫②！"子路曰："子行三军③，则谁与④？"子曰："暴虎⑤冯（píng）河⑥，死而无悔者，吾不与也。必也临事而惧⑦，好谋而成者也。"

译文

孔子对颜渊说："用我，我就发挥才华；不用我，我就隐藏锋芒，只有我和你才能做到这样吧！"子路问孔子："如果是老师您统率三军，那么您愿意谁跟从呢？"孔子说："那种赤手空拳地与虎搏斗，徒步过河，即使死了也不后悔的人，我是不会和他共事的。要我找人的话，一定是那种遇事谨慎、善于谋划，并能妥善完成任务的人。"

注释

① 舍之则藏：舍，舍弃。藏，隐藏。
② 夫：语气词，相当于"吧"。
③ 三军：泛指军队。
④ 与：动词，跟从，偕同。
⑤ 暴虎：赤手空拳地与老虎搏斗。
⑥ 冯河：没有乘具徒步过河。
⑦ 惧：谨慎。

子曰："富①而②可求③也；虽执鞭之士④，吾亦为之。如不可求，从吾所好。"

译文

孔子说："对于富贵，如果合乎正道能够获得，就是做一个拿着鞭子的人，我也愿意。如果不能以正道求得，那我遵从自己的爱好。"

注释

① 富：财富。
② 而：假设连词，用法同"如果"。
③ 求：通过正道求得。
④ 执鞭之士：根据周礼，有两种人手执皮鞭：一种是市场守门卒；一种是古代为天子及诸侯出入时开路的人。

子曰:"饭疏食❶饮水,曲肱(gōng)❷而枕之,乐亦在其中矣。不义而富且贵,于我如浮云。"

译文

孔子说:"吃粗粮,喝冷水,弯着胳膊当枕头,乐趣就存在于这里面。以不符合道义的手段得来的富贵,对于我来说就像是天上的浮云一样。"

注释

❶ 饭疏食:饭,作动词,"吃"的意思。疏食,粗粮。
❷ 肱:胳膊。

叶公❶问孔子于子路,子路不对。子曰:"女奚❷不曰,其为人也,发愤忘食,乐以忘忧,不知老之将至云尔❸。"

译文

叶公向子路问孔子的为人,子路不答。孔子便对子路说:"你为什么不这样说:'他这个人,发愤到连吃饭都忘了,快乐到忘记了所有的忧愁,连自己将要老去都不知道,如此罢了。'"

注释

① 叶公：楚国大夫，封地在叶城（今河南叶县南），所以叫叶公。
② 奚：为什么。
③ 云尔：如此罢了。尔，同"耳"，而已，罢了。

子曰："我非生而知之者，好古，敏以求之者也。"

译文

孔子说："我不是生来就有知识的人，而是喜爱古代的文化，勤奋学习才求来知识的人。"

子不语怪、力、乱、神。

译文

孔子不谈论超自然的事、暴力的事、悖理乱常的事、鬼神的事。

子曰："三人行，必有我师焉。择其善者而从之，其不善者而改之。"

译文

孔子说:"三个人一起行走,其中必定有可以做我的老师的人。我会选择他好的一面向他学习,不好的一面就引以为鉴,努力改正。"

子曰:"天生德于予,桓魋(tuí)❶其如予何?"

译文

孔子说:"上天把美德赋予了我,桓魋能把我怎么样呢?"

注释

❶ 桓魋:宋国人,很讨厌孔子,孔子与弟子在大树下习礼,他就将树拔掉,迫使孔子一行离开了宋国。

子曰:"二三子❶以我为隐乎?吾无隐乎尔。吾无行而不与二三子者,是丘也。"

译文

孔子说:"学生们,你们以为我对你们有什么隐瞒的吗?我毫无隐瞒。我没有什么事瞒你们,这就是我孔丘。"

注释

❶ 二三子:你们,这里指孔子的学生们。

子以四教:文、行、忠、信。

译文

孔子教给他的学生四项内容:文献、品行、忠诚、信实。

子钓而不纲❶,弋(yì)❷不射宿❸。

译文

孔子钓鱼,不用系有许多鱼钩的大绳去钓,用细丝绑缚的箭去射鸟,也不射归宿的鸟。

注释

① 纲：用大绳系许多鱼钩来钓鱼。
② 弋：用细丝绑在箭尾上来射鸟。
③ 宿：归巢歇宿的鸟。

子曰："仁远乎哉？我欲仁，斯仁至矣。"

译文

孔子说："仁道离我们很远吗？只要我想到仁道，仁道就在那里了。"

子曰："若圣与仁，则吾岂敢？抑①为之不厌，诲人不倦，则可谓云尔②已矣！"公西华曰："正唯弟子不能学也。"

译文

孔子说："如果说够得上圣与仁的称誉，那我怎么敢当？我只不过是努力去做事而不厌烦，教诲别人而不疲倦，可以说就是如此罢了！"公西华说："这正是我们学不到的。"

注释

① 抑：只不过。
② 云尔：如此。

子曰:"君子坦荡荡①,小人长戚戚②。"

译文

孔子说:"君子常是心胸宽广的样貌,小人则经常是忧愁不安的样貌。"

注释

① 坦荡荡：心胸开阔的样子。
② 长戚戚：内心忧愁的样子。

子温而厉①,威而不猛②,恭而安③。

译文

孔子温和而严厉,威严而不刚猛,恭敬而安详。

注释

① 厉：严厉。
② 猛：刚猛。
③ 安：安详。

出自本篇的成语

述而不作　信而好古　学而不厌
诲人不倦　不愤不启　不悱不发
举一反三　暴虎冯河　死而无悔
临事而惧　饮水曲肱　乐以忘忧
生而知之　怪力乱神　择善而从
三人行，必有我师

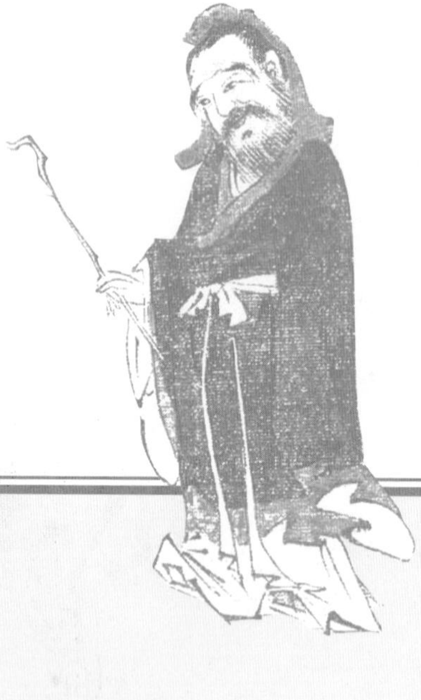

泰伯篇 第八

本篇共计二十一章,内容涉及孔子对尧、舜、禹等上古君王的评价,并且记录了曾参较多的言行。本篇节选八章。

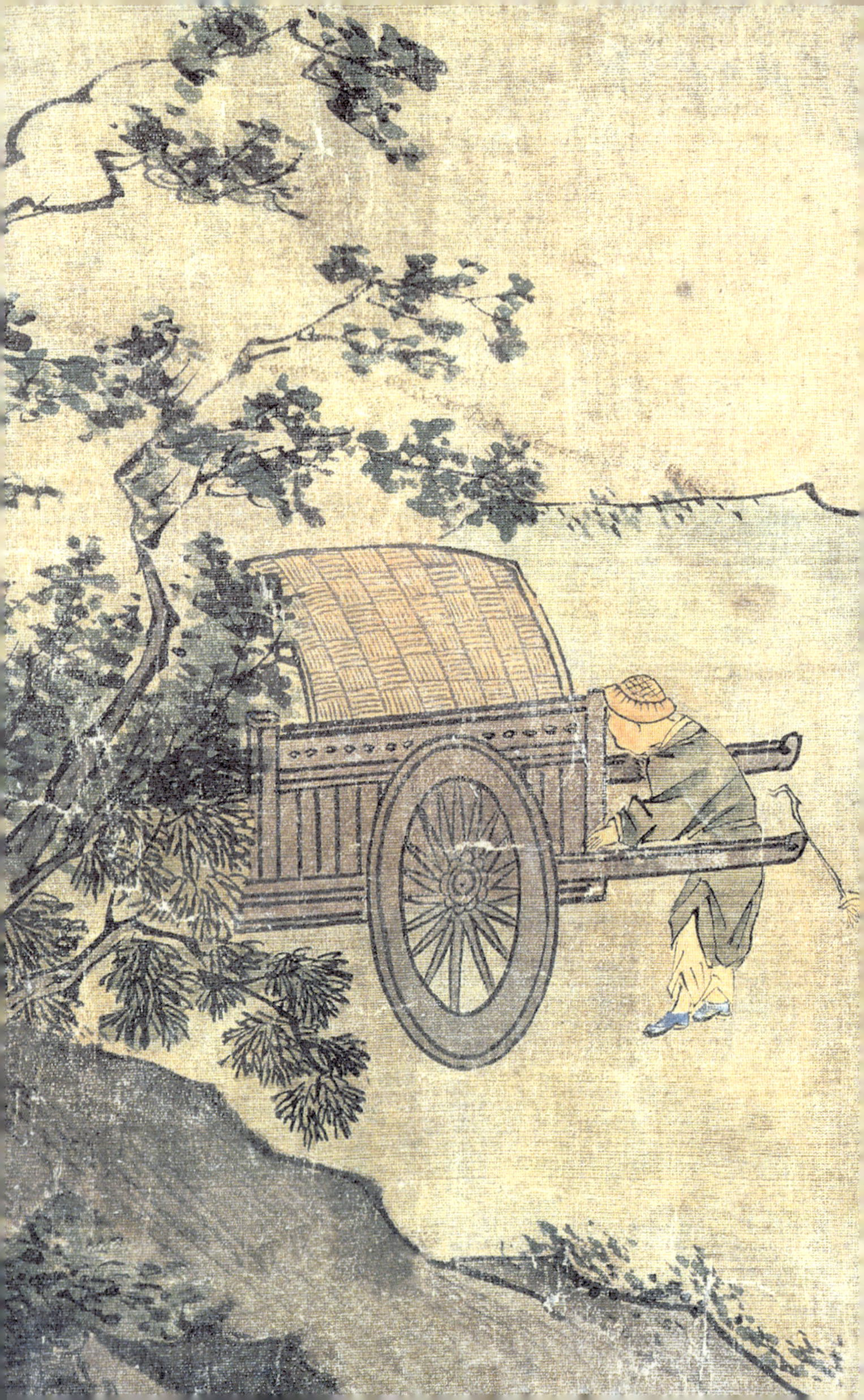

在鲁国，孔子失去了权力。弟子们便问："夫子，我们是不是该离开了？"孔子回答道："不急！"待到了阳光明媚的春天，照例应该送给大夫的祭肉却迟迟没有送到孔子家。孔子便与弟子们整顿行装，离开了鲁国，开始了周游列国的行程。这一去就是十四年。

子曰:"恭而无礼则劳❶,慎而无礼则葸(xǐ)❷,勇而无礼则乱,直而无礼则绞❸。君子笃❹于亲,则民兴于仁;故旧❺不遗,则民不偷❻。"

译文

孔子说:"恭敬而无礼的节制,就会很辛苦;谨慎而无礼的节制,就会畏缩不前;勇猛而无礼的节制,就会作乱;正直而无礼的节制,就会刻薄。当政者如果率先厚待自己的亲属,老百姓就会兴起仁爱的风气;如果他们能作为表率不遗弃老朋友,老百姓就不会人情冷漠。"

注释

❶ 劳:辛劳。

❷ 葸:胆怯。

❸ 绞:刻薄。

❹ 笃:厚待。

❺ 故旧:老朋友。

❻ 偷:轻薄,冷漠。

曾子有疾，召门弟子曰："启❶予足！启予手！《诗》云❷：'战战兢兢，如临深渊，如履薄冰。'而今而后，吾知免❸夫，小子❹！"

译文

曾子生病了，把他的学生都召集到身边来，说道："掀开被子看看我的脚！看看我的手！《诗经》上说：'小心谨慎呀，就好像站在深渊旁边，走在薄冰之上。'从今以后，我知道我的手足都可以免去这种谨慎了，弟子们！"

注释

❶ 启：这里是"看"的意思。
❷ 诗云：以下三句引自《诗经·小雅·小旻》。
❸ 免：免去。
❹ 小子：对弟子的称呼。

曾子曰："士不可以不弘毅❶，任重而道远。仁以为己任，不亦重乎？死而后已，不亦远乎？"

译文

曾子说:"士人不可以不刚强而有毅力,因为他的责任重大,路程遥远。把实现仁道作为自己的使命,责任还不重大吗?死了才会停下,路程还不遥远吗?"

注释

① 弘毅:即"强毅",刚强有毅力。

子曰:"兴❶于诗❷,立于礼,成于乐❸。"

译文

孔子说:"从学习《诗经》开始,立足于学礼,完成于学乐。"

注释

① 兴:开始。
② 诗:《论语》中的"诗"都是指《诗经》。
③ 乐:周代用于礼仪规范的音乐。

子曰:"如有周公之才之美,使骄且吝,其余不足观也已。"

译文

孔子说:"即使有周公那样的才华和美德,如果他骄傲而吝啬,那其他方面也就不值得一看了。"

子曰:"笃信好学,守死善道。危邦不入,乱邦不居。天下有道则见(xiàn)❶,无道则隐。邦有道,贫且贱焉,耻也;邦无道,富且贵焉,耻也。"

译文

孔子说:"坚定信念,努力学习,誓死捍卫正道。不去危险的国家,不居住在动乱的国家。天下政治清明就展露才华;天下政治黑暗就隐藏锋芒。国家政治清明,自己却贫贱,是耻辱;国家政治黑暗,自己却富贵,也是耻辱。"

注释

❶ 见:同"现"。

子曰:"不在其位,不谋其政。"

译文

孔子说:"不在那个位子上,就不考虑那个职位上的事。"

子曰:"学如不及,犹恐失之。"

译文

孔子说:"学习就好像追逐什么,怕赶不上,就像唯恐失去一样。"

出自本篇的成语

战战兢兢　如临深渊　如履薄冰

任重道远　死而后已　笃信好学

不在其位，不谋其政　学如不及

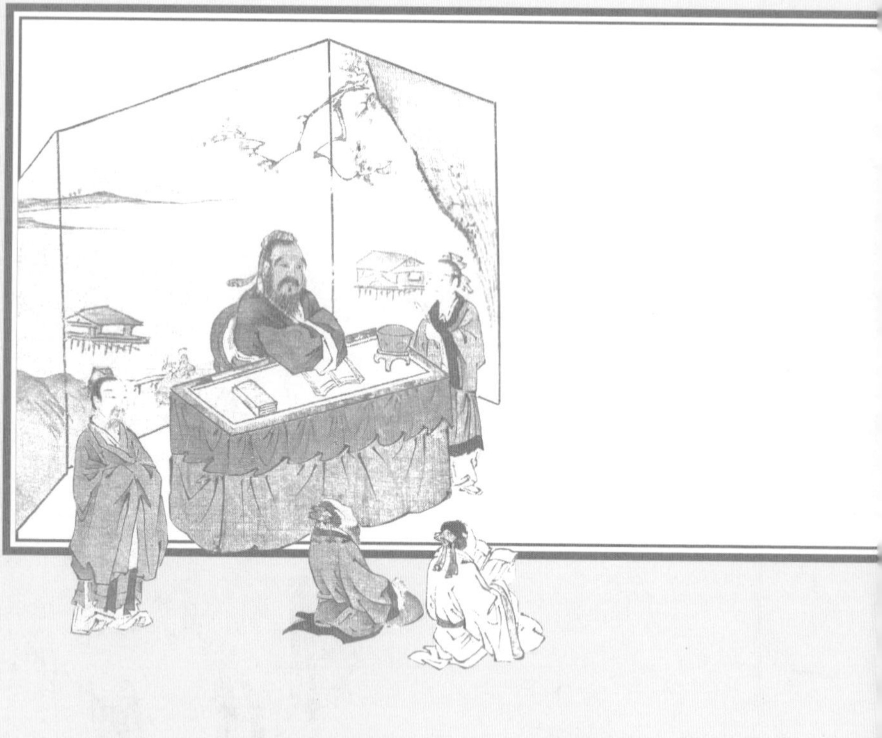

子罕篇 第九

本篇共计三十一章,内容主要涉及道德实践、人格修养,以及孔子对弟子的评价、弟子对孔子的评价等内容。本篇节选二十一章。

孔子一行晓行夜宿，饥餐渴饮，终于来到了卫国。可他们并未得到卫国君主的重视，只有一个叫蘧伯玉的大夫派使者来探望。在卫国期间，他每日或教导弟子们诗书，或与卫国大夫往来，淡泊久了，便不免清寂。

　　一天，孔子跪坐在席上，手持一柄细长的小铜锤，击打着面前一排挂在桁架上的石磬，乐声响起，好似激越的小溪，泠泠然，汩（gǔ）汩不绝，弟子们则沉在乐波里各有所思。这时，院墙之外突然传来一个声音："呃，这击磬的是个有心人呢！"

　　弟子们冷不丁地被打断，便都攒着眉毛看过去，只见矮墙之外一个土筐晃动着。孔子并不理睬，专心敲击着石磬，过了一会儿，又听那声音说道："真是鄙陋极了，只顾这么铿铿地敲打！没人了解你的志向，停下来不就得了？这世间的事就像那河水，深的地方摸着石头过，浅的地方就提起裙子过呗！"

　　子路早按捺不住了，他猛地站起来去开门，要和那个背筐人理论，孔子慌忙叫住，说道："这人太果决了！无法与他辩驳的！"

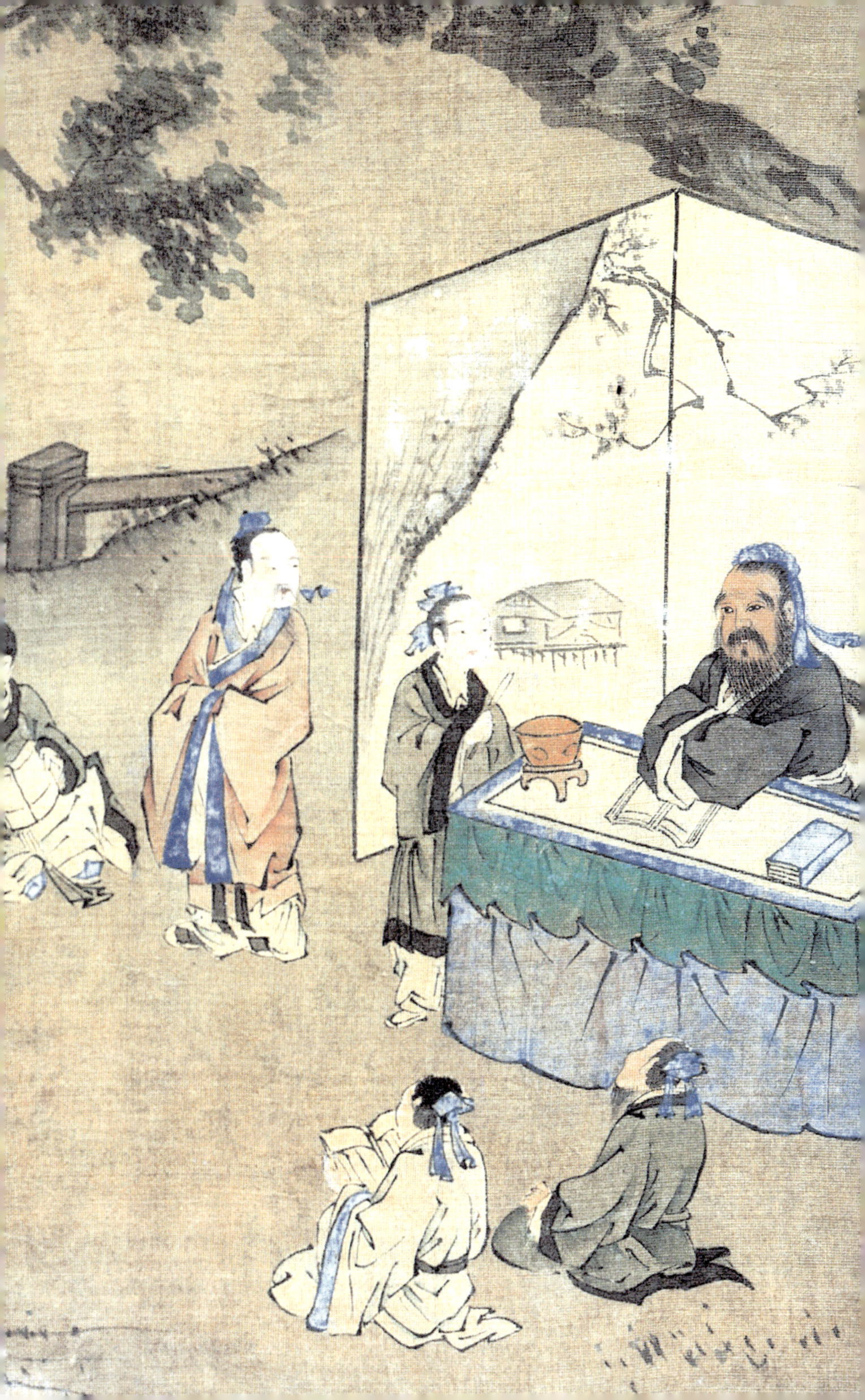

子罕❶言利,与❷命与仁。

译文

孔子很少谈到利,却赞成天命和仁德。

注释

❶ 罕:很少。
❷ 与:赞同。

子绝四——毋意❶,毋必❷,毋固❸,毋我❹。

译文

孔子杜绝四种弊病:不主观猜疑,不绝对化,不固执己见,不以自我为中心。

注释

❶ 意:同"臆",猜疑。
❷ 必:必定,绝对化。
❸ 固:固执己见。
❹ 我:以自我为中心,自私。

子畏于匡❶，曰："文王❷既没，文不在兹❸乎？天之将丧斯文❹也，后死者❺不得与（yù）❻于斯文也；天之未丧斯文也，匡人其如予何❼？"

译文

孔子被匡地的人围困，他说："周文王已经死了，可周代的文化不还传承在我们身上吗？如果上天想要消灭这种文化，那么未来的人就无法再看到这种文化了；如果上天不想消灭这种文化，那么匡人又能把我怎么样呢？"

注释

❶ 畏于匡：畏，通"围"，围困。匡，地名，在今河南省长垣县西南。公元前496年，孔子离开卫国，途经匡地。匡地的人们曾遭受鲁国叛臣阳虎的掳掠。孔子的相貌与阳虎相貌近似，匡人误把孔子当成了阳虎，所以将他围困了。

❷ 文王：周文王，为西周开国君主，儒家认为他是的古代圣贤之一。

❸ 兹：这里。

❹ 斯文：这样的文化。

❺ 后死者：未来的人。

❻ 与：这里是"看到、掌握"的意思。

❼ 如予何：奈我何，把我怎么样。

太宰①问于子贡曰:"夫子圣者与?何其多能也?"子贡曰:"固天纵②之将圣,又多能也。"子闻之,曰:"太宰知我乎?吾少也贱,故多能鄙事③。君子④多乎哉?不多也。"

译文

太宰问子贡:"孔夫子是一位圣人吧?为什么这样多才多艺啊?"子贡说:"这本是上天赋予他的,想让他成为圣人,又使他多才多艺。"孔子听到后,说:"太宰怎么会了解我呢?因为我少年时贫贱,所以才学会那么多卑贱的技艺。那些当政者会这么多的技艺吗?不会的。"

注释

① 太宰:官名,掌管国君宫廷事务。
② 天纵:上天赋予。
③ 鄙事:卑贱的事情。
④ 君子:这里指当政者或贵族。

颜渊喟(kuì)然①叹曰:"仰②之弥③高,钻④之弥坚。瞻⑤之在前,忽焉在后。夫子循循然善诱

人❻，博我以文，约我以礼，欲罢不能。既竭吾才，如有所立卓尔❼。虽欲从之，末由❽也已。"

译文

颜渊感叹地说："对于夫子的学问与道德，我越是抬头仰望，越觉得高大；我越是钻研，越觉得坚不可破。看着它在前面，不知怎的忽然又到了后面。夫子善于循序渐进地引导我，用文化典籍丰富我的知识，又用礼仪来约束我的言行，使我欲罢不能。直到竭尽了我的才能，好像我已经立在了一个卓越的境界，可当我想要一直跟从这个境界时却又找不到路径。"

注释

❶ 喟然：叹息的样子。

❷ 仰：仰望。

❸ 弥：越发。

❹ 钻：钻研。

❺ 瞻：视，看。

❻ 循循然善诱人：循循然，有次序地。诱，引导。

❼ 卓尔：卓越的样子。

❽ 末由：末，无，没有。由，途径，路径。

子贡曰:"有美玉于斯,韫(yùn)椟(dú)❶而藏诸?求善贾(gǔ)❷而沽(gū)❸诸?"子曰:"沽之哉,沽之哉!我待贾者也。"

译文

子贡说:"有一块美玉在这里,是放在匣子里收藏起来,还是找一个识货的商人卖了呢?"孔子说:"卖了吧!卖了吧!我正在等着识货的商人呢。"

注释

❶ 韫椟:匣子。
❷ 善贾:识货的商人。
❸ 沽:卖。

子罕篇 第九

子欲居九夷❶。或曰:"陋❷,如之何?"子曰:"君子居之,何陋之有?"

译文

孔子想要搬到夷人聚集地去居住。有人说:"那里的人鄙陋,怎么能住呢?"孔子说:"君子去住了,怎么还会鄙陋呢?"

注释

❶ 九夷:古代对于东方少数民族的通称。
❷ 陋:鄙陋,不开化。

子在川❶上曰:"逝者如斯夫,不舍❷昼夜。"

译文

孔子在河边说:"消逝的时光就像这河水一样啊,昼夜不停地流淌着。"

注释

❶ 川:河流。
❷ 不舍:不停歇。

子曰:"吾未见好德如好色者也。"

译文

孔子说:"我没有见过像好色那样喜好道德的人。"

子曰:"譬如为山,未成一篑(kuì)❶,止,吾止也;譬如平地,虽覆一篑,进,吾往也。"

译文

孔子说:"譬如用土堆山,只差一筐土便完成了,如果需要停止,那我就停下来;譬如把凹陷的地填平,虽然只倒下一筐,如果需要继续,那我就继续坚持。"

注释

❶ 篑:盛土的竹筐。

子曰:"语之而不惰者,其回也与!"

译文

孔子说:"与他讲话时从不懈怠的,只有颜回吧!"

子谓颜渊❶，曰："惜乎！吾见其进也，未见其止也。"

译文

孔子评价颜回，说："可惜呀！我只见他在进步，就没见他停止过。"

注释

❶ 颜渊：颜回，字子渊。孔子的学生。

子曰："苗而不秀❶者有矣夫！秀而不实❷者有矣夫！"

译文

孔子说："庄稼长出青苗却不能吐穗开花的情形是有的吧！吐穗开花而结不出果实的情况也有吧！"

注释

❶ 秀：庄稼吐穗开花。
❷ 实：结出果实。

子曰:"后生可畏,焉知来者之不如今也?四十、五十而无闻焉,斯亦不足畏也已。"

译文

孔子说:"年轻人是值得敬畏的,怎么就知道未来的他就不如今人呢?如果到了四五十岁时还默默无闻,那他就没有什么可让人敬畏的了。"

子曰:"法语之言❶,能无从乎?改之为贵。巽(xùn)与之言❷,能无说(yuè)❸乎?绎❹之为贵。说而不绎,从而不改,吾末❺如之何也已矣。"

译文

孔子说:"正言规劝的话,能不听从吗?以此改正错误才是可贵的。恭顺赞许的话,听了能不高兴吗?仔细分析真伪才是可贵的。乐得高兴而不分析,只是听从而不改正错误,对于这种人,我实在是拿他没有办法了。"

注释

① 法语之言：法，法则。语，告诫。这里指正言规劝的话。
② 巽与之言：巽，恭顺。与，赞许。这里指恭顺赞许的话。
③ 说：同"悦"。
④ 绎：本义为"抽丝"，这里指推究、分析。
⑤ 末：没有。

子曰："三军①可夺帅也，匹夫②不可夺志也。"

译文

孔子说："一国军队，可以夺去它的主帅；可一个男子汉，不能夺去他的志向。"

注释

① 三军：泛指全国军队。
② 匹夫：指平民中的男子。

子曰:"衣(yì)❶敝缊(yùn)袍❷,与衣狐貉(hé)❸者立而不耻者,其由也与?'不忮(zhì)不求,何用不臧❹?'"子路终身诵之。子曰:"是道也,何足以臧?"

译文

孔子说:"穿着破败的丝棉袍子,与穿着狐貉皮袍的人站在一起而不感到羞耻的,大概只有仲由了吧!《诗经》上说:'不嫉妒,不贪求,有什么不好呢?'"子路一生常常念诵这两句诗。孔子又说:"只做到这样,就能够说好了吗?"

注释

❶ 衣:穿,作动词。
❷ 敝缊袍:敝,破败。缊袍,以乱麻为絮的袍子。
❸ 狐貉:用狐和貉的皮做的皮袍。
❹ 不忮不求,何用不臧:这两句见《诗经·邶风·雄雉》。忮,嫉妒。臧,善,好。

子曰:"岁寒,然后知松柏之后彫❶也。"

译文

孔子说:"到了一年中最寒冷的季节,才知道松柏是最后凋落的。"

注释

❶彫:同"凋",凋零,掉落。

子曰:"知(zhì)者不惑,仁者不忧,勇者不惧。"

译文

孔子说:"智慧的人不迷惑,仁德的人不忧愁,勇敢的人不畏惧。"

子曰："可与共学，未可与适道[1]；可与适道，未可与立[2]；可与立，未可与权[3]。"

译文

孔子说："可以一起学习的人，未必就能以相同的道义为志向；能够以同一道义为志向的人，未必就能同样坚守道义；能够一起坚守道义的人，未必就能同样随机应变。"

注释

[1] 适道：适，往。这里是指以道义为志向。
[2] 立：坚守道义。
[3] 权：权变。

出自本篇的成语

斯文扫地　仰之弥高　循循善诱
欲罢不能　韫椟而藏　待价而沽
逝者如斯　不舍昼夜　苗而不秀
秀而不实　后生可畏　不忮不求

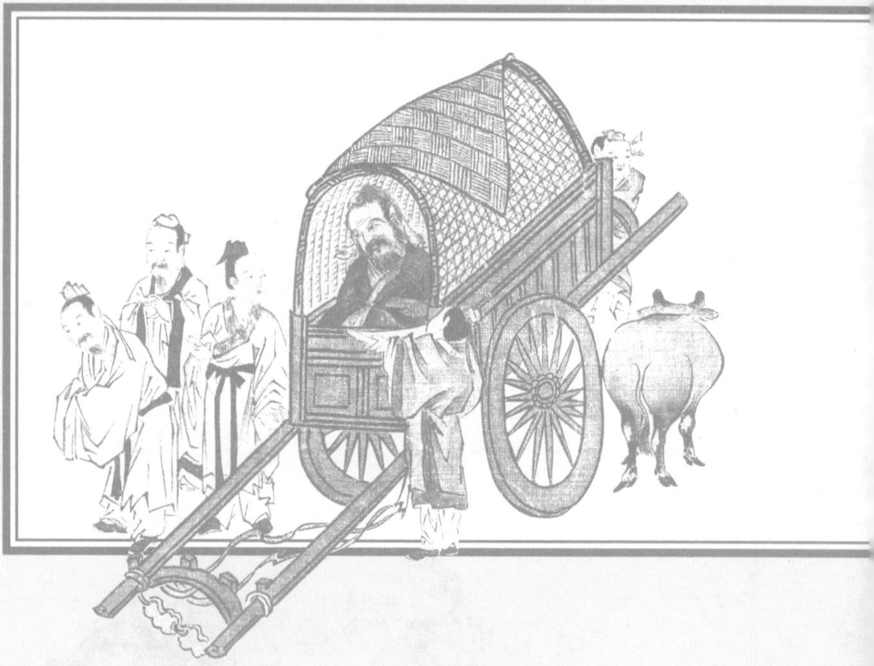

乡党篇 第十

本篇共二十七章,集中而详尽地记录了孔子在举止容动、衣食住行等各个方面如何恪守礼仪规范的。内容过于繁杂。本篇只节选了六章能够表现孔子思想的条目。

孔子离开卫国，路过匡地。匡地的人曾受过阳货的侵扰，听说孔子一行从鲁国来，看到孔子状貌魁梧，酷似阳货，匡地的人便错把孔子一行当成了阳货等人。他们手持锄头棍棒将孔子围困了起来。围困了五日，幸亏孔子派人去卫国求援，方才得以解围。

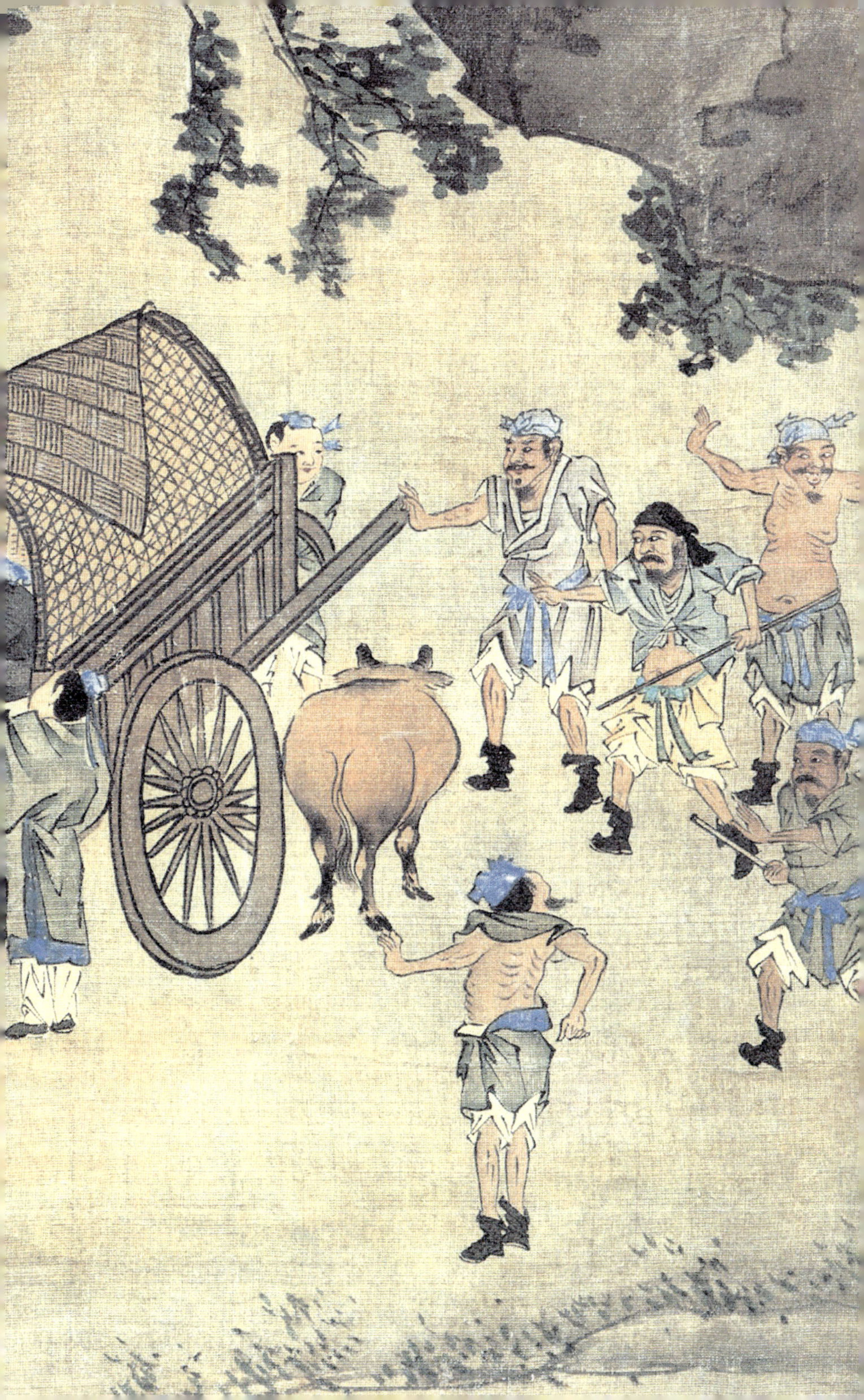

食不厌精，脍不厌细。

译文

粮食不嫌舂得太精，鱼和肉不嫌切得太细。

食不语，寝不言。

译文

吃饭时不交谈，睡觉时不说话。

厩焚。子退朝，曰："伤人乎？"不问马。

译文

马厩失火了。孔子退朝回来，问："伤到人了吗？"并不问马的情况。

君命召，不俟驾行矣。

译文

国君召见，孔子不等车马驾好就先步行前往。

朋友死，无所归，曰："于我殡❶。"

译文

孔子的朋友死了，没有亲属为其殓葬，孔子说："丧事由我来办吧。"

注释

❶殡：这里泛指丧葬事务。

寝不尸，居不客。

译文

孔子睡觉不像尸体那样直挺着，平日家居也不像来了客人那样庄重严肃。

出自本篇的成语

◇◇◇

食不厌精，脍不厌细

卫灵公的夫人南子仰慕孔子，听说孔子回到了卫国，便遣使召见了孔子。南子是个德行有亏的女人，子路听说她召见了自己的老师，非常生气。孔子发誓道："我要是做了与我的主张相违背的事，就让老天厌弃我吧！"

先进篇 第十一

本篇共有二十六章,内容以孔子评价门下弟子为主,尤其对颜回、子路的评价最多。主要涉及各人的性格、言行、志向等,从中可以看出孔子的中庸之道、因材施教,以及对鬼神、生死等问题的看法。最后一章是孔子与门人各自演说志向的详尽记录,孔子的回答出人意料。本篇节选十四章。

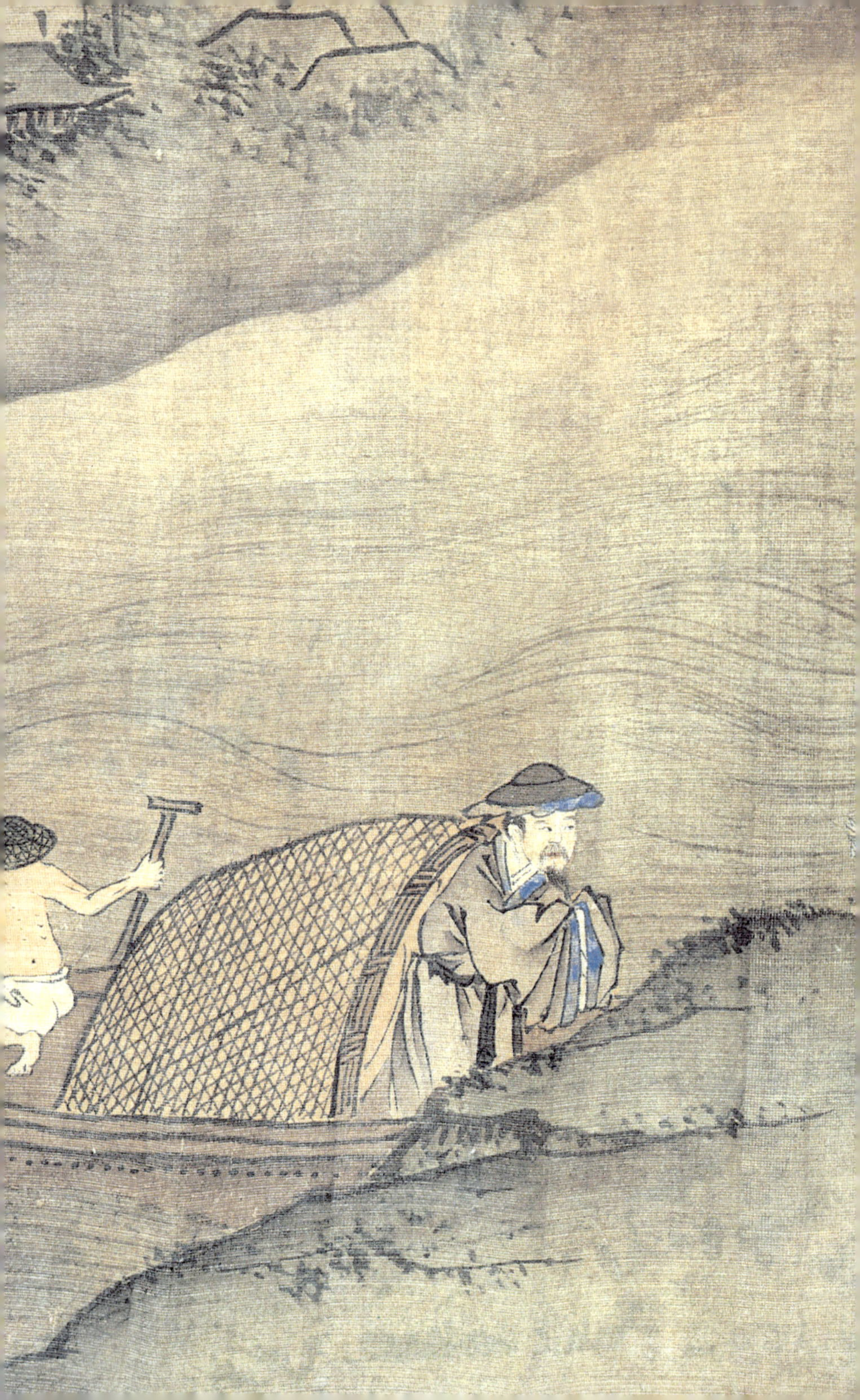

匡人的围困解除后,孔子便去了陈国,无奈碰上了陈国发生叛乱。几番死里逃生,孔子带着弟子来到了黄河边,想要渡河去晋国,面对着滔滔河水,他发出慨叹:"那逝去的时间啊,就如这流水一样奔流不息!"此时孔子已是六十二岁的高龄了。最终,他没去晋国,而是返回了卫国。

德行[1]：颜渊、闵子骞、冉伯牛、仲弓。言语[2]：宰我、子贡。政事[3]：冉有、季路。文学[4]：子游、子夏。

译文

德行方面出色的有：颜渊、闵子骞、冉伯牛、仲弓。善于辞令的有：宰我、子贡。擅长处理政事的有：冉有、季路。通晓文献知识的有：子游、子夏。

注释

[1] 德行：指实行孝悌、忠恕等道德。
[2] 言语：指善于辞令、外交出使。
[3] 政事：指处理政治事务。
[4] 文学：指通晓古代文献。

颜渊死。子曰："噫！天丧予！天丧予！"

译文

颜渊死了。孔子说："唉！老天是要我的命啊！老天是要我的命啊！"

颜渊死，子哭之恸[1]。从者曰："子恸矣！"曰：

"有恸乎？非夫（fú）❷人之为恸而谁为？"

译文

颜渊死了，孔子哭得极度悲痛。学生们说："您悲痛过度了！"孔子说："悲伤过度了吗？我不为这个人悲伤过度，又为谁呢？"

注释

❶ 恸：过于悲痛。
❷ 夫：指示代词，这里指颜渊。

颜渊死，门人欲厚葬❶之。子曰："不可。"门人厚葬之。子曰："回也视予犹父也，予不得视犹❷子也。非我也，夫二三子也。"

译文

颜渊死了，学生们想要隆重地安葬他。孔子说："不可以。"学生们仍然隆重地安葬了他。孔子说："颜回视我如父亲一般，我却不能如儿子一般对待他。这不是我的过错，是那些学生们干的呀。"

注释

❶ 厚葬：不惜财力地经营丧葬。
❷ 犹：犹如。

季路问事鬼神。子曰:"未能事人,焉能事鬼?"曰:"敢问死。"曰:"未知生,焉知死?"

译文

季路问孔子如何侍奉鬼神。孔子说:"连人都没侍奉好,怎么能去侍奉鬼呢?"季路又问:"请问死是怎么回事?"孔子说:"生的道理都没弄明白,怎么能知道死呢?"

闵子侍侧,訚(yín)訚❶如也;子路,行(hàng)行❷如也;冉有、子贡,侃侃❸如也。子乐。"若由也,不得其死然。"

译文

闵子骞侍立在孔子身旁,一派和颜悦色;子路显出刚强的样子;冉有、子贡则是对答如流。孔子很高兴。孔子说:"像仲由这样,只怕不能善终吧!"

注释

❶ 訚訚:和颜悦色的样子。

❷ 行行：刚强的样子。
❸ 侃侃：说话流利的样子。

鲁人❶为长府❷。闵子骞曰："仍旧贯❸，如之何？何必改作？"子曰："夫（fú）人❹不言，言必有中❺。"

译文

鲁国翻修长府的国库。闵子骞道："照老样子下去，怎么样？何必改建呢？"孔子道："这个人平日不大开口，一开口就切中要害。"

注释

❶ 鲁人：这里指鲁国的当权者。
❷ 为长府：为，这里是"改建"的意思。藏财货、兵器等的仓库叫"府"，长府即鲁国的国库名。
❸ 仍旧贯：沿袭旧例。仍，沿袭，沿着。贯，事，例。
❹ 夫人：这个人。
❺ 中：中肯。

子曰："由之瑟（sè）❶奚为于丘之门？"门人不敬子路。子曰："由也升堂矣，未入于室❷也。"

译文

孔子说:"仲由弹瑟,为什么非在我门下弹呢?"学生们便因此不尊重子路。孔子说:"仲由嘛,他在学习上已经到了正厅之内的程度了,只是还没有进入内室罢了。"

注释

❶ 瑟:古乐器,与古琴相似。
❷ 升堂、入于室:堂,正厅。室,内室。这里用来形容学习程度的深浅。

子贡问:"师与商也孰贤?"子曰:"师也过,商也不及。"曰:"然则师愈❶与?"子曰:"过犹不及。"

译文

子贡问孔子:"子张和子夏,谁更贤能呢?"孔子说:"子张有些过度,子夏有些不足。"子贡说:"那么是子张胜出了?"孔子说:"过度和不足是一样的。"

注释

❶ 愈:胜出,强些。

季氏富于周公❶，而求也为之聚敛❷而附益❸之。子曰："非吾徒也。小子鸣鼓而攻之，可也。"

译文

季氏比周王室的卿士还要富有，可冉求还帮他搜刮钱财，增加他的财富。孔子说："他不是我的学生了。你们可以大张旗鼓地去攻击他。"

注释

❶ 周公：泛指周王身边的卿士。
❷ 聚敛：搜刮钱财。
❸ 附益：增加。

柴❶也愚❷，参也鲁❸，师也辟（pì）❹，由也喭（yàn）❺。

译文

高柴愚直，曾参迟钝，颛孙师偏激，仲由鲁莽。

注释

① 柴:高柴,字子羔,孔子的学生。
② 愚:愚直。
③ 鲁:迟钝。
④ 辟:偏激。
⑤ 喭:鲁莽。

子路问:"闻斯行诸①?"子曰:"有父兄在,如之何其闻斯行之?"

冉有问:"闻斯行诸?"子曰:"闻斯行之。"

公西华曰:"由也问闻斯行诸,子曰'有父兄在';求也问闻斯行诸,子曰'闻斯行之'。赤也惑,敢问。"子曰:"求也退,故进之;由也兼人②,故退之。"

译文

子路问:"听到一个道理就要行动起来吗?"孔子说:"有父兄在,不咨询他们,怎么能听到就行动呢?"

冉有问:"听到一个道理就要行动起来吗?"孔子说:"听到了就要行动起来。"

公西华说:"仲由问听到一个道理就要行动起来吗,您回答'有父兄在不能马上行动'；冉求问听到一个道理就要行动起来吗，您回答'听到了就要行动起来'。我糊涂了，想问个明白。"孔子说："冉求做事总是退缩不前，所以我催促他；仲由勇于作为，性子太急，所以我要约束他。"

注释

❶ 诸："之乎"二字的合音。
❷ 兼人：勇于作为。

子路使子羔为费宰。子曰："贼❶夫人之子❷。"子路曰："有民人焉，有社稷❸焉，何必读书，然后为学？"子曰："是故恶夫佞者。"

译文

子路让子羔去做费地的长官。孔子说："这简直是害人子弟。"子路说："那个地方有老百姓，有社稷，治理百姓和祭祀神灵都是学习，难道一定要读书才算学习吗？"孔子说："所以我讨厌那种花言巧语狡辩的人。"

注释

❶ 贼：害。

❷ 夫人之子：指子羔。孔子认为他没有经过很好的学习就去从政，这会害了他自己的。

❸ 社稷：社，土地神。稷，谷神。这里指祭祀土地神和谷神的地方，即社稷坛。古代国都及各地都设立社稷坛，分别由国君和地方长官主祭，故社稷成为政权的象征。

子路、曾皙❶、冉有、公西华侍坐。

子曰："以吾一日长乎尔，毋吾以也❷。居❸则曰：'不吾知也！'如或知尔，则何以哉❹？"

子路率尔❺而对曰："千乘之国，摄❻乎大国之间，加之以师旅，因之以饥馑❼；由也为之，比及❽三年，可使有勇，且知方❾也。"

夫子哂（shěn）❿之。

"求，尔何如？"

对曰："方六七十⓫，如五六十，求也为之，比及三年，可使足民。如其礼乐，以俟⓬君子。"

"赤，尔何如⓭？"

对曰："非曰能之，愿学焉。宗庙之事⓮，如会同⓯，端章甫⓰，愿为小相⓱焉。"

"点，尔何如？"

鼓瑟希[18]，铿尔[19]，舍瑟而作[20]，对曰："异乎三子者之撰[21]。"

子曰："何伤乎？亦各言其志也。"

曰："莫[22]春者，春服既成，冠者[23]五六人，童子六七人，浴乎沂[24]，风乎舞雩（yú）[25]，咏而归。"

夫子喟然叹曰："吾与[26]点也！"

三子者出，曾皙后。曾皙曰："夫三子者之言何如？"

子曰："亦各言其志也已矣。"

曰："夫子何哂由也？"

曰："为国以礼，其言不让，是故哂之。"

"唯求则非邦也与？"

"安见方六七十如五六十而非邦也者？"

"唯赤则非邦也与？"

"宗庙会同，非诸侯而何？赤也为之小，孰能为之大？"

译文

子路、曾皙、冉有、公西华四个人陪坐在孔子身边。

孔子说:"我年龄比你们大,人家不用我了。你们平时总说:'没有人了解我呀!'假如有人了解你们,那你们要怎样选择呢?"

子路轻率地答道:"一个拥有一千辆兵车的国家,夹在大国中间,常常受到别的国家侵略,加上国内又闹饥荒。让我去治理,只要三年,就可以使那里的人们勇敢善战,而且懂得礼仪。"

孔子听了,露出嘲讽的微笑。

孔子又问:"冉求,你怎么样呢?"

冉求答道:"方圆六七十里或五六十里的小国家,让我去治理,三年以后,就可以使百姓生活富足。至于这个国家的礼乐教化,就要等君子来施行了。"

孔子又问:"公西赤,你怎么样?"

公西华答道:"我不敢说能做到,而是愿意学习。在宗庙祭祀的活动中,或者在同别国的盟会中,我愿意穿上礼服,戴上礼帽,做一个小小的司仪官。"

孔子又问:"曾点,你怎么样呢?"

这时曾点弹瑟的声音舒缓了下来,"铿"的一声,瑟声停了,曾点离开瑟站起来,回答说:"我和他们三位说的都不一样。"

孔子说:"那有什么关系呢?也就是各自讲讲自己的志向而已。"

曾晳说："暮春三月，已穿上春天的衣服，我和五六位成年人，六七个少年，去沂河里洗洗澡，在舞雩台上吹吹风，一路唱着歌走回来。"

孔子长叹一声说："我赞成曾点的想法。"

子路、冉有、公西华三个人都出去了，曾晳走在后面。曾晳问孔子："他们三人的话怎么样？"

孔子说："也就是各自谈谈自己的志向罢了。"

曾晳问："那夫子为什么要笑仲由呢？"

孔子说："治理国家要讲礼让，可是他说话一点儿也不谦让，所以我笑他。"

"冉求讲的不是一个国家吗？"

"哪里见得方圆六七十里或五六十里的地方就不是国家呢？"

"公西华说的不是治理国家吗？"

"宗庙祭祀和诸侯会盟，这不是诸侯的事又是什么？像他这样的人如果只能做一个小司仪，那谁又能做大司仪呢？"

注释

❶ 曾晳：名点，字子晳，是曾参的父亲，也是孔子的学生。
❷ 以吾一日长乎尔，毋吾以也：因为我比你们年长些，没人用我了。
❸ 居：平日。
❹ 则何以哉：何以，"以何"的倒装，"选择什么"的意思。

⑤ 率尔：轻率的样子。
⑥ 摄：夹于，受迫于。
⑦ 饥馑：饥荒。
⑧ 比及：等到。
⑨ 知方：懂得礼法。
⑩ 哂：讥讽地微笑。
⑪ 方六七十：方圆六七十里。
⑫ 俟：等待。
⑬ 如：或者。
⑭ 宗庙之事：祭祀方面的事。
⑮ 会同：诸侯之间的会盟、朝见。
⑯ 端章甫：端，古代礼服的名称。章甫，古代礼帽的名称。
⑰ 相：赞礼人，司仪。
⑱ 希：同"稀"，指瑟声稀疏。
⑲ 铿尔：弹瑟戛然而止的声音。
⑳ 作：站起来。
㉑ 撰：才具，才能。
㉒ 莫春：莫，同"暮"。即暮春。
㉓ 冠者：成年人。古代士人二十岁时行冠礼，表示成年。
㉔ 浴乎沂：沂，河流名。浴，沐浴。
㉕ 舞雩：地名，舞雩台，鲁国祭天求雨的地方，在今山东曲阜。
㉖ 与：赞同。

出自本篇的成语

不得其死　言必有中　登堂入室
过犹不及　一日之长　春风沂水
沂水弦歌　沂水舞雩

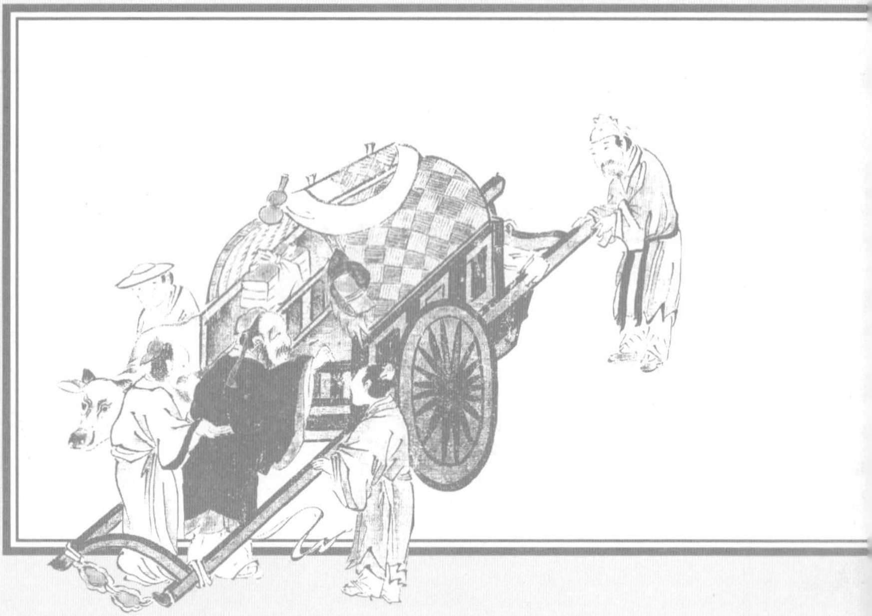

颜渊篇 第十二

本篇共计二十四章,主要记录了孔子解答弟子及他人提出的各种问题,内容涉及论仁、论君子、论政、论友、论修养等。本篇节选十八章。

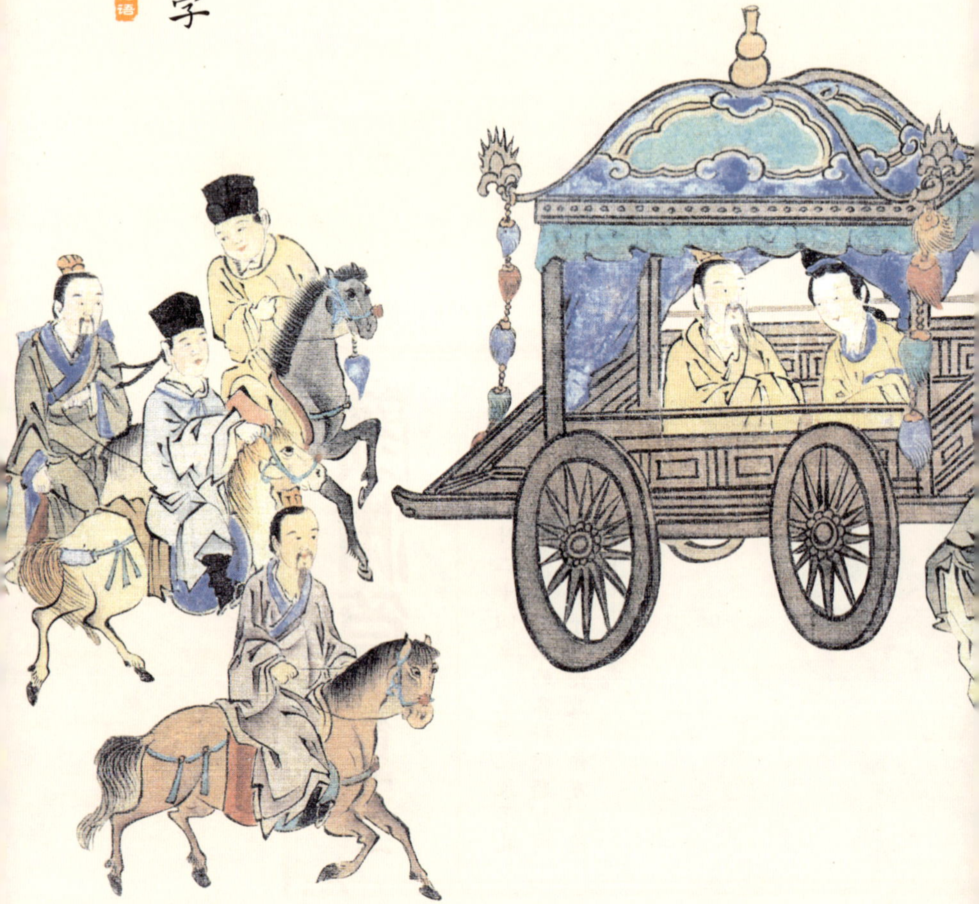

有一天,卫灵公与夫人南子坐着马车,仪仗仆从繁多,大摇大摆从闹市上经过。孔子看见了,叹息道:"我没有见过人能喜好德行甚于好色的!"于是,孔子便又一次离开了卫国。

颜渊问仁。子曰:"克己复礼❶为仁。一日克己复礼,天下归仁❷焉。为仁由己,而由人乎哉?"

颜渊曰:"请问其目❸。"子曰:"非礼勿视,非礼勿听,非礼勿言,非礼勿动。"

颜渊曰:"回虽不敏,请事❹斯语矣。"

译文

颜渊问怎样做才是仁。孔子说:"克制自己,使自己的言行符合礼仪的规范,这就是仁。如果有一天每个人都克制自己,使自己的言行符合礼仪规范,那么天下就会归向仁道了。实行仁德,完全在于自己,难道还在于别人吗?"

颜渊说:"请问具体实行起来的条目。"孔子说:"不合于礼的不看,不合于礼的不听,不合于礼的不说,不合于礼的不做。"

颜渊说:"我颜回虽然愚笨,也要照您的这些话去做。"

注释

❶ 克己复礼:克,克制,约束。复礼,使自己的言行符合于礼的要求。
❷ 归仁:归,归向,趋向。仁,仁道。
❸ 目:具体的条目。
❹ 事:从事,照着去做。

司马牛问君子。子曰："君子不忧不惧。"

曰："不忧不惧，斯谓之君子已乎？"子曰："内省不疚，夫何忧何惧？"

译文

司马牛问怎样做才是一个君子。孔子说："君子不忧愁，不恐惧。"

司马牛说："做到了不忧愁，不恐惧，这样就是君子了吗？"孔子说："自我反省没有内疚的事，还会有什么忧愁和恐惧呢？"

司马牛忧曰："人皆有兄弟，我独亡。"子夏曰："商闻之矣：死生有命，富贵在天。君子敬而无失，与人恭而有礼，四海之内，皆兄弟也。君子何患乎无兄弟也？"

译文

司马牛忧愁地说："别人都有兄弟，唯独我没有。"子夏说："我听说过：死生有命，富贵在天。君子只要谨慎对待所做的事，确保万无一失，对人恭敬有礼，那么，天下人都会是自己的兄弟。君子何必忧愁没有兄弟呢？"

子张问明。子曰:"浸润之谮(zèn)❶,肤受之愬(sù)❷,不行焉,可谓明也已矣。浸润之谮,肤受之愬,不行焉,可谓远❸也已矣。"

译文

子张问怎样做才算是明智的。孔子说:"像水浸润那样的谗言,像切肤之痛那样的诬告,在你这里行不通,就可以算是明智了。像水浸润那样的谗言,像切肤之痛那样的诬告,在你这里行不通,就可算是有远见的了。"

注释

❶ 浸润之谮:谮,谗言。像水浸润那样的谗言。
❷ 肤受之愬:愬,诬告。切肤之痛那样的诬告。
❸ 远:远见。

子贡问政。子曰:"足食,足兵,民信之矣。"

子贡曰:"必不得已而去❶,于斯三者何先?"曰:"去兵。"

子贡曰:"必不得已而去,于斯二者何先?"曰:"去食。自古皆有死,民无信不立。"

译文

　　子贡问怎样治理国家。孔子说:"粮食充足,军备充足,老百姓信任主政者。"

　　子贡说:"如果迫不得已去掉一项,那么在这三项中先去掉哪项呢?"孔子说:"去掉军备。"

　　子贡说:"如果迫不得已去掉一项,那么这两项中去掉哪项呢?"孔子说:"去掉粮食。自古以来人总是要死的,如果老百姓对主政者不信任,那么国家就无法存在了。"

注释

❶ 去:去除。

　　棘子成❶曰:"君子质而已矣,何以文为?"子贡曰:"惜乎,夫子之说君子也!驷不及舌❷。文犹质也,质犹文也,虎豹之鞟(kuò)❸犹犬羊之鞟。"

译文

棘子成说:"君子只讲求品质就行了,要文采等外在形式干什么呢?"子贡说:"可惜啊,您竟这样谈论君子!一句话一旦说出,就像是四匹马拉的车,是追不回的。品质犹如文采,文采犹如品质,二者同等重要。如果说外在的形式不重要,那么去掉了毛的虎和豹的皮,就与犬与羊的皮一样了。"

注释

① 棘子成:卫国大夫。
② 驷不及舌:驷,四匹马拉的车。指话一说出口,就像四匹马拉的车一样收不回了。
③ 鞹:去掉毛的皮,即皮革。

颜渊篇 第十二

哀公问于有若❶曰:"年饥,用不足,如之何?"有若对曰:"盍彻乎❷?"曰:"二❸,吾犹不足,如之何其彻也?"对曰:"百姓足,君孰与不足?百姓不足,君孰与足?"

译文

鲁哀公问有若说:"遇上饥荒,国家用度不足,怎么办?"有若回答说:"何不实行彻法抽十分之一的赋税?"哀公说:"我抽取十分之二,尚且不够,怎么能实行彻法呢?"有若说:"如果百姓的用度足了,您有什么不足呢?如果百姓的用度不足,您又怎么能足呢?"

注释

❶ 有若:姓有,名若,字子有,孔子的学生。
❷ 盍彻乎:盍,同"何","何不"的意思。彻,西周赋税,抽取十分之一的赋税为彻。
❸ 二:抽取十分之二的税。

子曰:"片言❶可以折狱❷者,其❸由也与?"子路无宿诺❹。

译文

孔子说:"只听单方面的供词就能断案的,大概只有仲由吧。"在子路那里没有拖了很久都未兑现的诺言。

注释

① 片言:诉讼双方中一方的言辞,即片面之词。
② 折狱:断案。
③ 其:大概,差不多。
④ 宿诺:宿,久。拖了很久都没有兑现的诺言。

子曰:"听讼(sòng)①,吾犹人也。必也使无讼②乎!"

译文

孔子说:"审理诉讼案件,我同别人是一样的。重要的是使人们一开始就不必发生诉讼的事。"

注释

① 听讼:讼,诉讼。审理诉讼案件。
② 使无讼:使人们一开始就不必发生诉讼的事。

子曰:"君子成人之美,不成人之恶。小人反是。"

译文

孔子说:"君子成全别人的好事,而不促成别人的坏事。小人则与此相反。"

季康子问政于孔子。孔子对曰:"政者,正也。子帅以正,孰敢不正?"

译文

季康子问孔子如何治理国家。孔子回答说:"政就是正道的意思。您带头走正道,还有谁敢不走正道呢?"

季康子患盗,问于孔子。孔子对曰:"苟子之不欲,虽赏之不窃。"

译文

季康子担忧盗窃的事,问孔子怎么办。孔子回答说:"假如你自己不贪财好利,即使奖励偷窃,也没有人偷盗。"

季康子问政于孔子曰:"如杀无道❶,以就有道❷,何如?"孔子对曰:"子为政,焉用杀?子欲善而民善矣。君子之德风,人小之德草。草上之风❸,必偃❹。"

译文

季康子问孔子如何处理政事,说:"如果杀掉作恶的人以成全为善的人,怎么样?"孔子答道:"您处理政事,哪里用得着杀戮呢?您只要想行善,老百姓就会跟着行善。主政者的品德就像是风,老百姓的品德就像是草,风吹到草上,草必定跟着倒伏。"

注释

❶ 无道:指作恶的人。
❷ 有道:指为善的人。
❸ 草上之风:"风之草上"的倒装,意为"风吹到草上"。
❹ 偃:倒伏。

子张问:"士何如斯可谓之达❶矣?"子曰:"何哉,尔所谓达者?"子张对曰:"在邦❷必闻❸,在家❹必闻。"子曰:"是闻也,非达也。夫达也者,质直而好义，察言而观色，虑以下人❺。在邦必达，在家必达。夫闻也者，色取仁而行违，居之不疑。在邦必闻，在家必闻。"

译文

子张问："士要怎样做才可以显达呢？"孔子说："你说的显达是什么意思？"子张答道："在朝堂上必定有名望，在封地里也必定有名声。"孔子说："这只是外在的名声，不是真正的显达。所谓显达，是品质正直，喜好仁义，善于察言观色，对人谦恭有礼。这样，他在朝堂上必定有名望，在封地里也有名声。至于只追求外在名声的人，他只是表面上装出仁德的样子，而恰在行为中违背仁义之道，自己却还以仁德自居，没有丝毫反思。这样，他自然也可以在朝堂上有名望，在封地里有名声了。"

注释

❶ 达：通达，显达。
❷ 邦：这里是"朝堂"的意思。
❸ 闻：有名望。
❹ 家：古代大夫的封地。
❺ 下人：对人谦恭有礼。

樊迟①从游于舞雩之下，曰："敢问崇德、修慝(tè)②、辨惑。"子曰："善哉问！先事后得③，非崇德与？攻其恶，无攻人之恶，非修慝与？一朝之忿④，忘其身，以及其亲，非惑与？"

译文

樊迟跟从孔子在舞雩台下散步，说："请问怎样崇尚仁德？怎样改正隐匿内心的邪念？怎样辨别迷惑？"孔子说："问得好！先把事做好，然后再讲求利益，不就是崇尚仁德吗？批判自己身上的恶念，而不是批判别人的恶，不就改正隐藏内心的恶念了吗？因为一时的气愤，就忘记了自身安危，以至于连累亲人，这不就是迷惑吗？"

注释

① 樊迟：名须，字子迟，孔子的学生。
② 慝：隐匿在内心的恶。
③ 先事后得：先把事做好，然后再讲求利益。
④ 忿：气愤。

樊迟问仁。子曰："爱人。"问知（zhì）。子曰："知人。"樊迟未达①。子曰："举直错诸枉②，能使枉者直。"樊迟退，见子夏曰："乡（xiàng）❸也吾见于夫子而问知，子曰'举直错诸枉，能使枉者直'，何谓也？"子夏曰："富哉言乎！舜有天下，选于众，举皋陶❹，不仁者远❺矣。汤❻有天下，选于众，举伊尹❼，不仁者远矣。"

译文

樊迟问怎么做才是仁。孔子说："爱人。"樊迟又问怎么做才是智。孔子说："了解人。"樊迟不明白。孔子说："选拔正直的人去统领邪恶的人，能使邪恶的人改邪归正。"樊迟退出来，见到子夏说："刚才我去见老师，问他怎么做才是智，他说：'选拔正直的人去统领邪恶的人，能使邪恶的人改邪归正。'这是什么意思呢？"子夏说："这句话的意蕴可真丰富啊！舜统一了天下，在众人中挑选人才，把皋陶选拔了出来，不仁德的人就远离了。汤统一了天下，在众人中挑选人才，把伊尹选拔了出来，不仁德的人就远离了。"

注释

❶ 达：明白。
❷ 举直错诸枉：直，正直。错，同"措"，放置。枉，弯曲，这里是"邪恶"的意思。选拔正直的人去统领邪恶的人。
❸ 乡：同"向"，刚才。

❹ 皋陶（gāo yáo）：传说中舜时掌管刑法的大臣。
❺ 远：远离，远去。
❻ 汤：商朝的第一个君主。
❼ 伊尹：汤的宰相，曾辅助汤灭夏兴商。

子贡问友。子曰："忠告而善道之，不可则止，毋自辱焉。"

译文

子贡问怎样对待朋友。孔子说："真诚地劝告他，善意地引导他，如果他不听就停下来，不要自取其辱。"

曾子曰："君子以文会友，以友辅仁。"

译文

曾子说："君子用文章学问来结交朋友，又联合朋友去促进仁道的实践。"

出自本篇的成语

克己复礼　己所不欲，勿施于人
死生有命，富贵在天　恭而有礼
内省不疚　一言既出，驷马难追
片言折狱　成人之美　察言观色
一朝之忿　以文会友

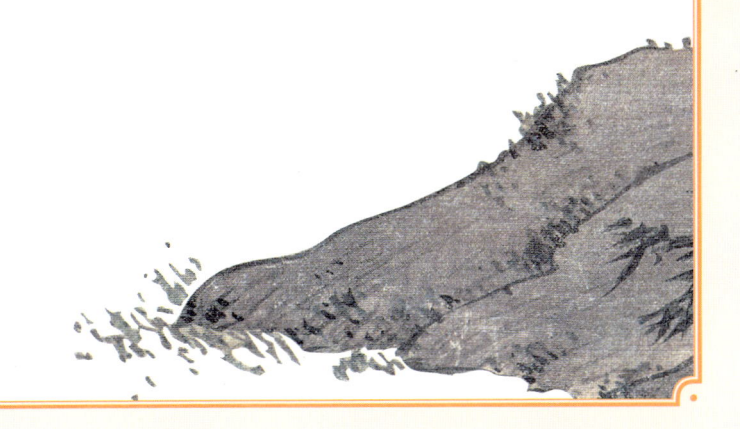

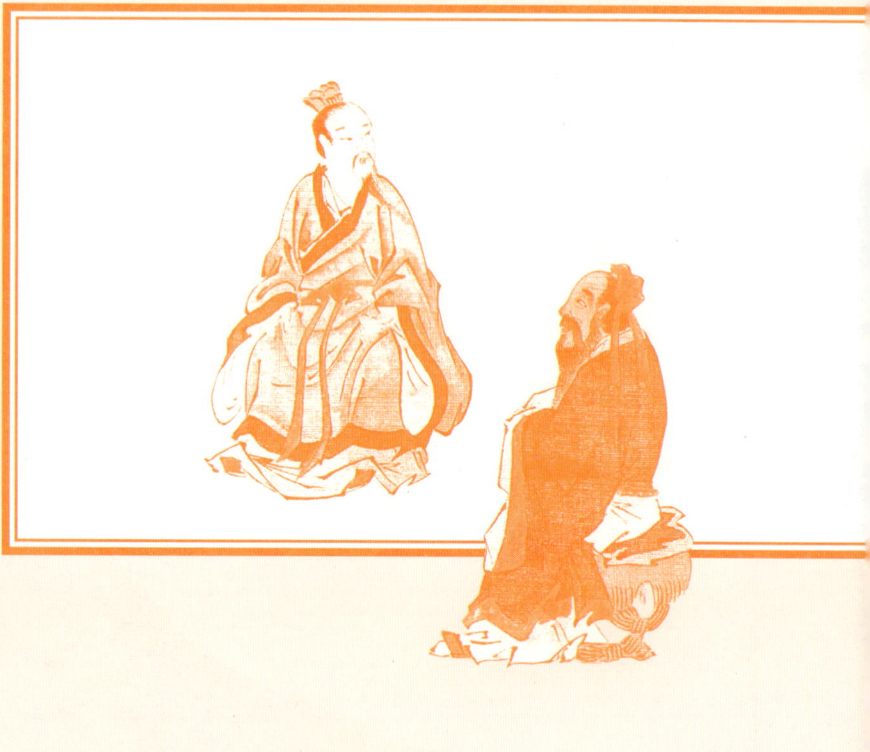

子路篇 第十三

本篇共有三十章,内容以论政为主,论述了主政者的表率作用、民生为重、识人察人等方面的问题。本篇节选十五章。

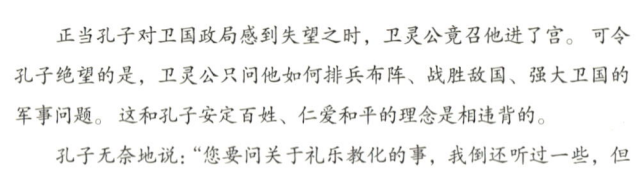

正当孔子对卫国政局感到失望之时,卫灵公竟召他进了宫。可令孔子绝望的是,卫灵公只问他如何排兵布阵、战胜敌国、强大卫国的军事问题。这和孔子安定百姓、仁爱和平的理念是相违背的。

孔子无奈地说:"您要问关于礼乐教化的事,我倒还听过一些,但若问攻伐兵阵的事,我是没学过的!"

这次谈话很不愉快,孔子判定卫灵公不是能够实践自己政治主张的君主。于是,他便偕众弟子离开了卫国。

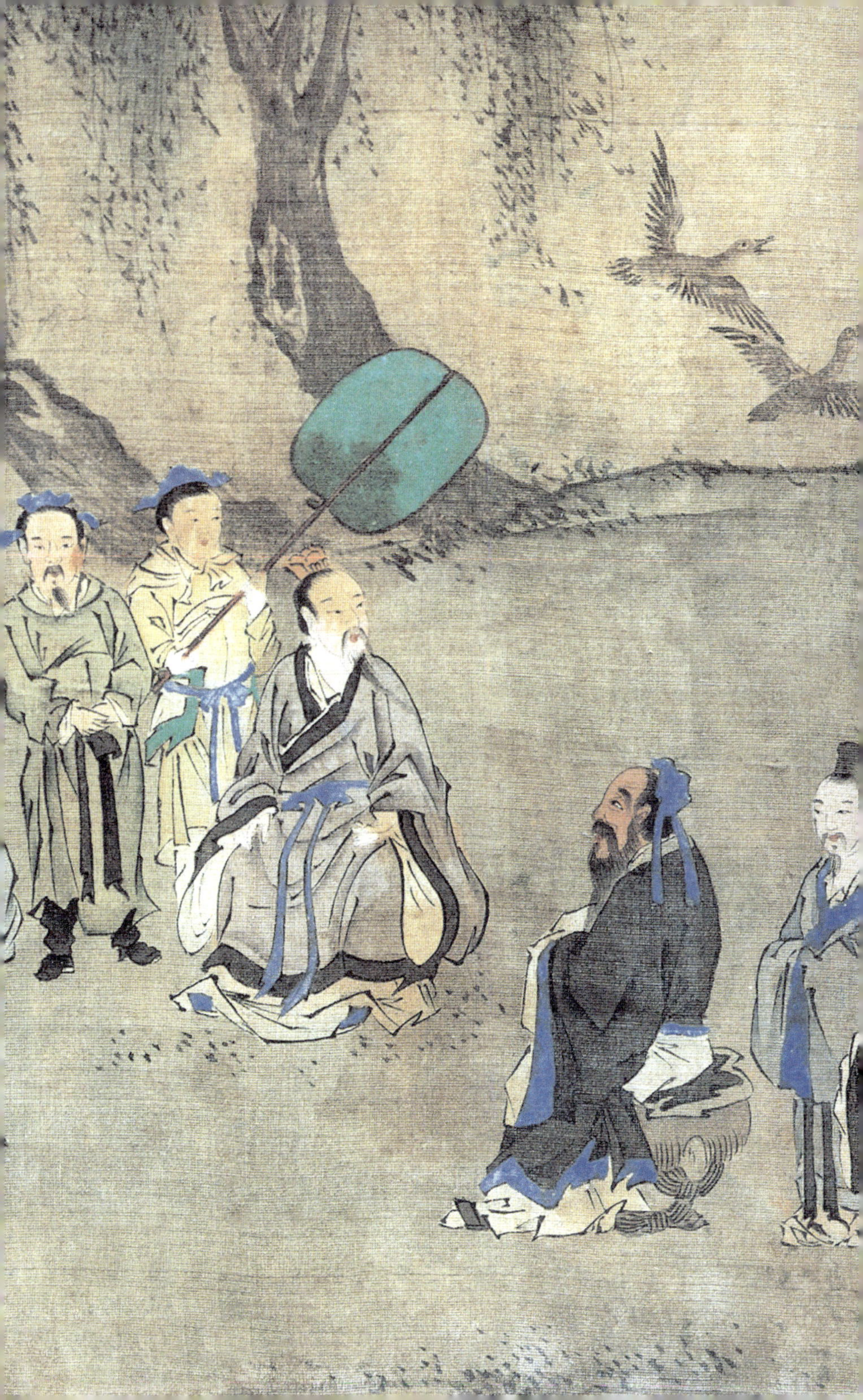

子路问政。子曰:"先之劳之。"请益❶。曰:"无倦。"

译文

子路问怎样处理政事。孔子说:"在百姓劳作之前先自己带头。"子路请求多讲一些。孔子说:"不懈怠。"

注释

❶ 请益:请求增加,这里指请求再多讲些。

子曰:"其身正,不令而行;其身不正,虽令不从。"

译文

孔子说:"主政的人自身行为正当,即使不命令,老百姓也会去干;主政的人自身行为不正,即使发布命令,老百姓也不会服从。"

子适卫,冉有仆❶。子曰:"庶矣哉!"
冉有曰:"既庶❷矣,又何加焉?"
曰:"富之。"曰:"既富矣,又何加焉?"曰:

"教之。"

译文

孔子到卫国去,冉有为他驾车。孔子说:"人口真多呀!"

冉有问:"人口已经众多了,要再做些什么呢?"

孔子说:"使他们都富起来。"冉有问:"富了以后又要做些什么?"孔子说:"对他们进行教化。"

注释

❶ 仆:动词,驾车。
❷ 庶:众多。这里指人口众多。

子曰:"苟正其身矣,于从政乎何有?不能正其身,如正人何?"

译文

孔子说:"如果端正了自身的行为,处理政事还有什么困难呢?如果不能端正自身,还怎么使别人端正呢?"

定公问:"一言而可以兴邦,有诸?"

孔子对曰:"言不可以若是其几❶也。人之言曰:'为君难,为臣不易。'如知为君之难也,不几乎一言而兴邦乎?"

曰:"一言而丧邦,有诸?"

孔子对曰:"言不可以若是其几也。人之言曰:'予无乐乎为君,唯其言而莫予违❷也。'如其善而莫之违也,不亦善乎?如不善而莫之违也,不几乎一言而丧邦乎?"

译文

鲁定公问:"一句话就可以使国家兴盛,有这样的话吗?"

孔子答道:"没有这样的话,但有接近的话。有人说:'做国君难,做臣子不易。'如果知道了做国君的难处,这不接近于一句话可以使国家兴盛吗?"

鲁定公又问:"一句话可以亡国,有这样的话吗?"

孔子回答说:"没有这样的话,但有接近的话。有人说:'我本不乐于当什么国君,我所快乐的是国君说的话没人敢违背。'如果说得对而没有人违背,不也很好吗?可如果说得不对而没有人违背,那不就接近于一句话可以亡国吗?"

注释

① 几：近，接近。
② 莫予违："莫违予"的倒装。莫，没有人。

叶公问政。子曰："近者悦，远者来。"

译文

叶公问孔子如何处理政事。孔子说："使近处的百姓高兴，使远方的百姓归附。"

子夏为莒（jǔ）父❶宰，问政。子曰："无欲速，无见小利。欲速，则不达；见小利，则大事不成。"

译文

子夏做莒父的行政长官，问孔子怎样处理政事。孔子说："不要只求速度快，不要贪图小利。求快，反而达不到目的；贪求小利，就做不成大事。"

注释

❶ 莒父：鲁国城邑，在今山东省莒县境内。

叶公语孔子曰："吾党❶有直躬者❷，其父攘羊❸，而子证❹之。"孔子曰："吾党之直者异于是：父为子隐，子为父隐，直在其中矣。"

译文

叶公告诉孔子："我的家乡有个正直的人，他的父亲偷了人家的羊，他就告发了父亲。"孔子说："我的家乡正直的人和你说的这种情况不同：父亲为儿子隐瞒，儿子为父亲隐瞒，正直就在这其中了。"

注释

① 党：乡党，古代以五百户为一党。
② 直躬者：正直的人。
③ 攘：偷羊。
④ 证：告发。

子曰："不得中行①而与之，必也狂狷（juàn）②乎！狂者进取，狷者有所不为也。"

译文

孔子说："我找不到行为符合中庸之道的人交往，就一定与狂者、狷者相交往了。狂者勇于进取，狷介者坚守底线，有所不为。"

注释

① 中行：行为合乎中庸之道的人。
② 狂狷：狂，偏激。狷，保守。

子曰："君子和①而不同②，小人同而不和。"

译文

孔子说:"君子讲求和谐但不盲目苟同,小人一味盲目苟同而不讲求和谐。"

注释

❶ 和:和谐。
❷ 同:苟同。

子贡问曰:"乡人皆好(hào)之,何如?"子曰:"未可也。"

"乡人皆恶(wù)之,何如?"子曰:"未可也。不如乡人之善者好之,其不善者恶之。"

译文

子贡问孔子:"全乡的人都喜欢他,这个人怎么样?"孔子说:"还不行。"

子贡又问孔子:"全乡的人都厌恶他,这个人怎么样?"孔子说:"还不行。最好的是全乡的好人都喜欢他,乡里的恶人都厌恶他。"

子曰:"君子易事[1]而难说也。说之不以道,不说也;及其使人也,器之[2]。小人难事而易说也。说之虽不以道,说也;及其使人也,求备[3]焉。"

译文

孔子说:"在君子手下容易做事却难以取悦他。不以正道取悦他,他不会喜悦;但当他任用人时,总是量才任用。在小人手下办事很难,但要取悦他却很容易。不按正道取悦他,他也会喜悦;当他任用人时,却是求全责备。"

注释

[1] 易事:容易做事。
[2] 器之:量才任用。
[3] 求备:求全责备。

子曰:"君子泰[1]而不骄,小人骄而不泰。"

译文

孔子说:"君子泰然自若而不骄傲自满,小人骄傲自满而不泰然自若。"

注释

① 泰：泰然自若。

子曰："刚、毅、木、讷近仁。"

译文

孔子说："刚强、果决、朴实、言语谨慎，具有这四种品德的人接近于仁德。"

子曰："以不教民战，是谓弃之。"

译文

孔子说："如果不先对老百姓进行训练就去作战，就是抛弃他们。"

子路篇第十三

出自本篇的成语

一言兴邦　和而不同

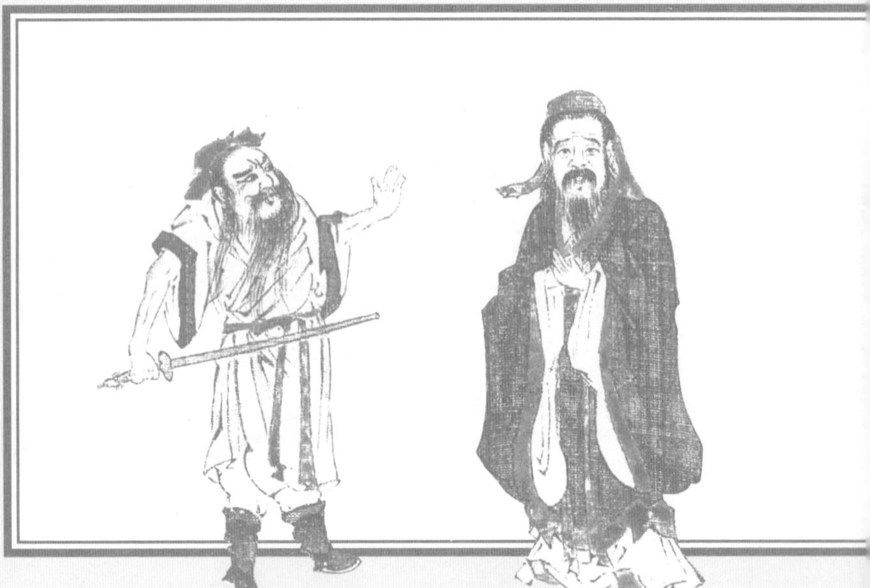

宪问篇 第十四

本篇共计四十四章，内容涉及君子面临不确定的政治环境时的言谈举止、用行舍藏，对齐桓公、晋文公等历史人物的评价，以及对一些社会现象的评论。本篇节选二十三章。

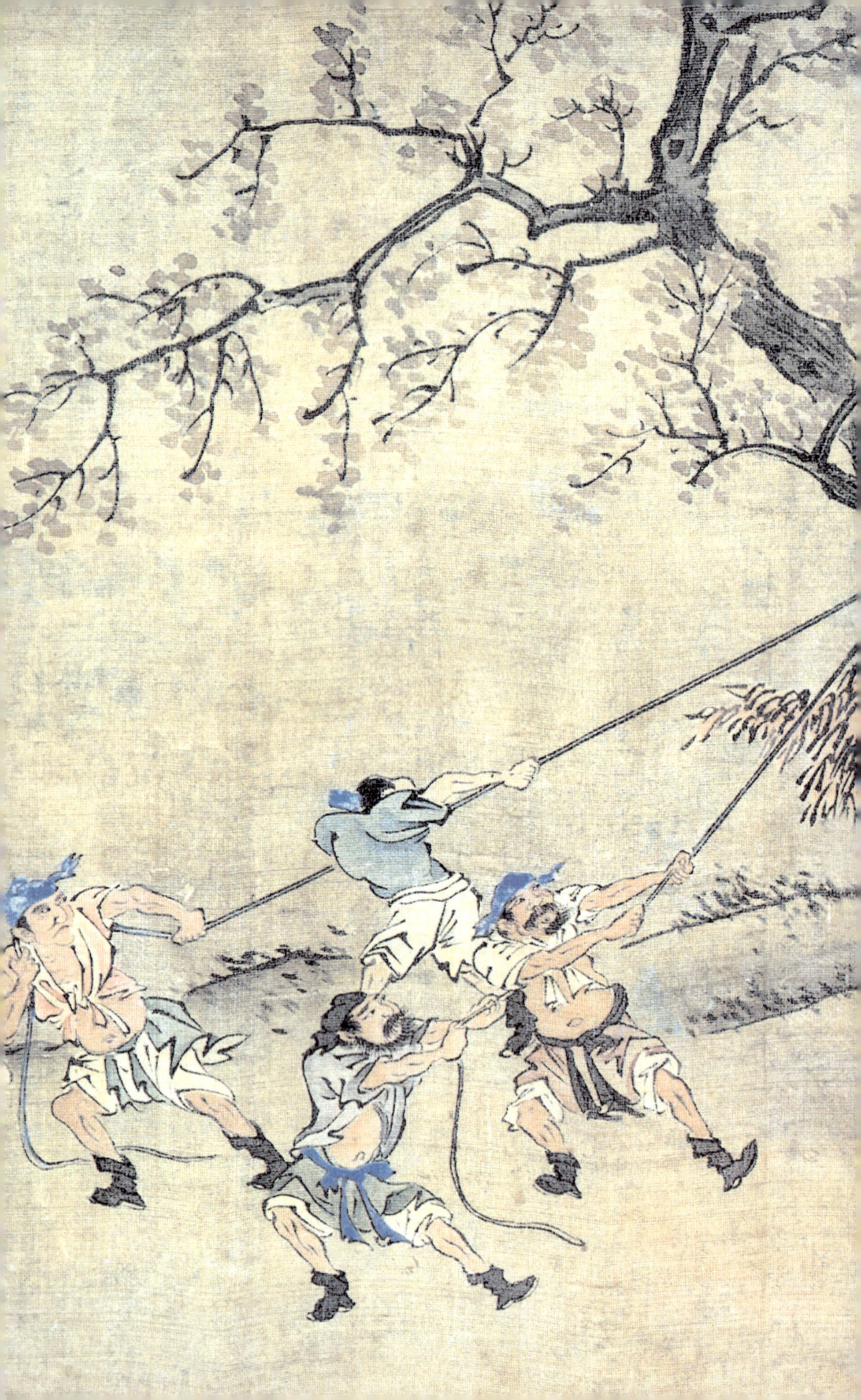

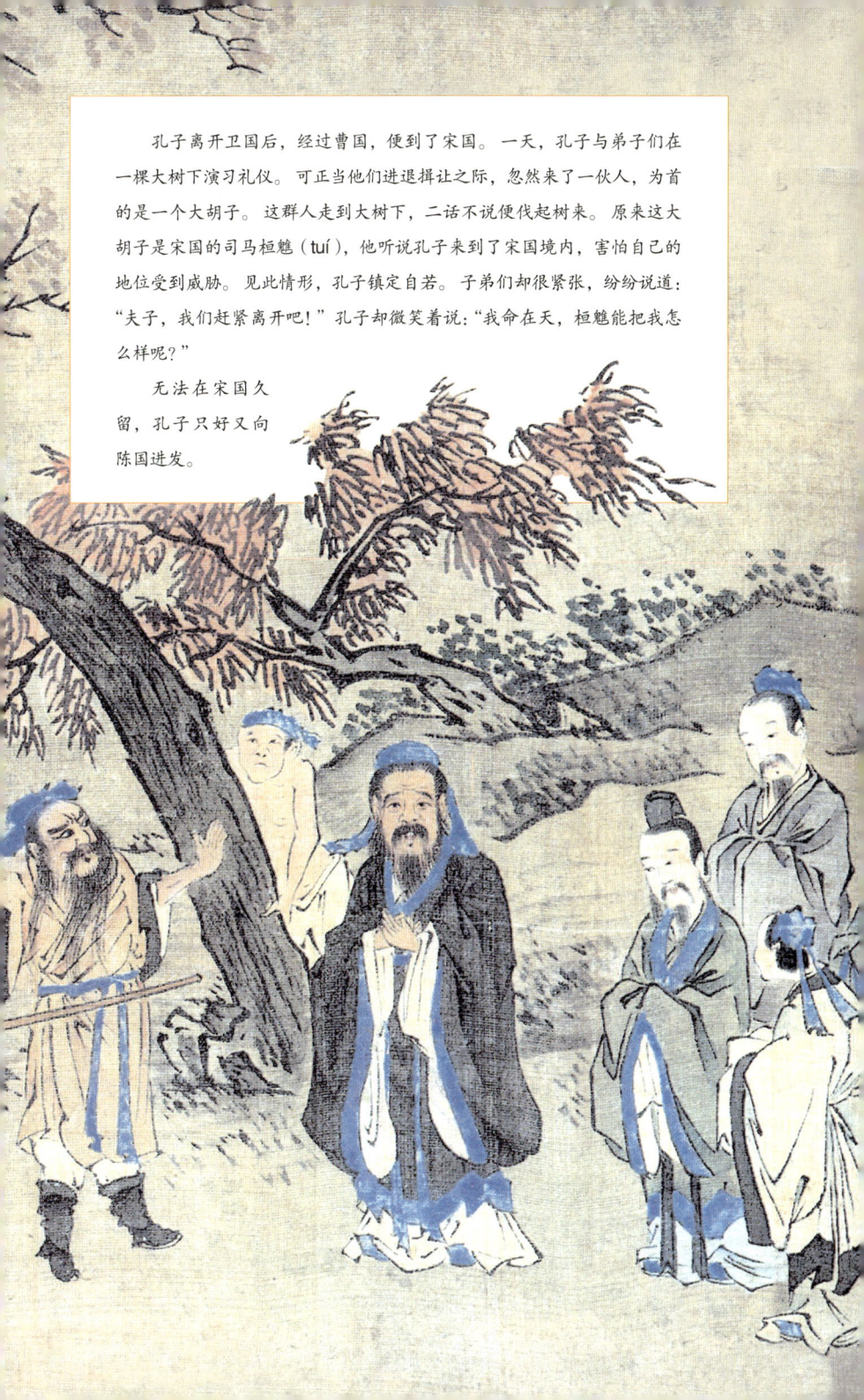

孔子离开卫国后，经过曹国，便到了宋国。一天，孔子与弟子们在一棵大树下演习礼仪。可正当他们进退揖让之际，忽然来了一伙人，为首的是一个大胡子。这群人走到大树下，二话不说便伐起树来。原来这大胡子是宋国的司马桓魋（tuí），他听说孔子来到了宋国境内，害怕自己的地位受到威胁。见此情形，孔子镇定自若。弟子们却很紧张，纷纷说道："夫子，我们赶紧离开吧！"孔子却微笑着说："我命在天，桓魋能把我怎么样呢？"

无法在宋国久留，孔子只好又向陈国进发。

宪①问耻。子曰："邦有道，谷②；邦无道，谷，耻也。"

"克、伐、怨、欲③不行焉，可以为仁矣？"子曰："可以为难矣，仁则吾不知也。"

译文

原宪问孔子什么样的行为是可耻的。孔子说："国家政治清明，做官拿俸禄；国家政治混乱，依然做官拿俸禄，这就是可耻。"

原宪又问："好胜、自夸、怨恨和贪欲都没有的人，可以算做到仁了吧？"孔子说："这可以说很难得了，但若说做到了仁，那我就不知道了。"

注释

① 宪：原宪，孔子的学生。
② 谷：古人做官以谷物为俸禄，因此，这里指俸禄。
③ 克、伐、怨、欲：克，好胜。伐，自夸。怨，怨恨。欲，贪欲。

子曰："士而怀居①，不足以为士矣。"

译文

孔子说："士如果留恋家居的安逸生活，就不配做一个士了。"

注释

❶ 怀居：怀，留恋。居，家居，这里指安逸的生活。

子曰："邦有道，危❶言危行；邦无道，危行言孙❷。"

译文

孔子说："国家政治清明，言语正直，行为正直；国家政治混乱，行为正直，但言语谦顺。"

注释

❶ 危：正，正直。
❷ 孙：同"逊"，谦顺。

子曰："有德者必有言，有言者不必有德。仁者必有勇，勇者不必有仁。"

译文

孔子说："有德行的人一定会有好的言语，但有好言语的人不一定就有德行。仁德的人一定勇敢，但勇敢的人却不一定仁德。"

子曰:"贫而无怨难,富而无骄易。"

译文

孔子说:"贫穷而无怨言是很难做到的,富裕而不骄傲却是容易做到的。"

子路问成人❶。子曰:"若臧武仲❷之知,公绰之不欲,卞庄子❸之勇,冉求之艺,文之以礼乐,亦可以为成人矣。"曰:"今之成人者何必然?见利思义,见危授命,久要(yuē)❹不忘平生之言,亦可以为成人矣。"

译文

子路问怎样做才是一个完人。孔子说："如果具备了臧武仲的智慧，孟公绰的无所欲求，卞庄子的勇敢，冉求那样的多才多艺，再用礼乐加以修饰自身，也就可以算是一个完人了。"孔子又说："现在的完人何必都要这样呢？只要见到利益便想到道义，遇到危难敢于献出性命，长久处于穷困中依然不忘平生的誓言，这样也可以成为一个完人了。"

注释

❶ 成人：完人，人格完备的人。
❷ 臧武仲：鲁国大夫臧孙纥。
❸ 卞庄子：鲁国卞邑大夫。
❹ 久要：长久处于穷困中。

子曰："晋文公❶谲（jué）❷而不正❸，齐桓公❹正而不谲。"

译文

孔子说："晋文公诡诈而不正派，齐桓公正派而不诡诈。"

注释

❶ 晋文公：姓姬，名重耳，春秋五霸之一，公元前636—前628年在位。
❷ 谲：诡诈。
❸ 正：正派。
❹ 齐桓公：姓姜，名小白，春秋五霸之一，公元前685—前643年在位。

子路曰："桓公杀公子纠❶，召（shào）忽❷死之，管仲不死。"曰："未仁乎？"子曰："桓公九合诸侯❸，不以兵车❹，管仲之力也。如其仁❺，如其仁。"

译文

子路说："齐桓公杀了公子纠，召忽自杀殉节，管仲却没有自杀。"又说："管仲不能算是有仁德的人吧？"孔子说："齐桓公多次号召天下诸侯会盟，而没有通过武力，这都是管仲的能力促成的。他的仁德如此，他的仁德如此。"

注释

❶ 公子纠：齐桓公的哥哥，与齐桓公争位不成而被杀。
❷ 召忽：管仲和召忽都是公子纠的家臣。公子纠被杀后，召忽自杀，管仲归服于齐桓公，并做了齐国的宰相。

❸ 九合诸侯：指齐桓公多次号召天下诸侯会盟。
❹ 不以兵车：不用武力。
❺ 如其仁：他的仁德如此。

子贡曰："管仲非仁者与？桓公杀公子纠，不能死，又相❶之。"子曰："管仲相❷桓公，霸诸侯，一匡❸天下，民到于今受其赐。微❹管仲，吾其被发左衽（rèn）❺矣。岂若匹夫匹妇之为谅❻也，自经❼于沟渎❽而莫之知也？"

译文

子贡说："管仲不能算是有仁德的人吧？桓公杀了公子纠，他不能为公子纠殉死，反而做了齐桓公的宰相。"孔子说："管仲辅佐桓公，称霸诸侯，匡正了天下的乱局，老百姓到了今天还享受着善政的好处。如果没有管仲，恐怕我们要披散着头发，衣襟向左开了。他难道要一般人那样为了恪守小节小信，自杀在山沟里而谁也不知道吗？"

注释

❶ 相：做宰相。

❷ 相：相助，辅佐。

❸ 匡：匡正，扶正。

❹ 微：无，没有。

❺ 被发左衽：被，同"披"，披散。衽，衣襟。"被发左衽"是当时的夷狄之俗。

❻ 谅：遵守信用。这里指遵守小节小信。

❼ 自经：上吊自杀，这里泛指自杀。

❽ 沟渎：小沟渠。

子路问事君。子曰："勿欺也，而犯之。"

译文

子路问怎样侍奉君主。孔子说："不能欺骗他，但要敢于犯颜直谏。"

子曰："君子上达，小人下达。"

译文

孔子说："君子奋发向上，小人沉沦向下。"

子曰:"古之学者为己,今之学者为人。"

译文

孔子说:"古代的人求学是为了提升自己,而现在的人求学是为了给别人看。"

曾子曰:"君子思不出其位。"

译文

曾子说:"君子考虑问题,从来不超出自己的职位范围。"

子曰:"君子耻其言而过其行。"

译文

孔子说:"君子以话说得多而超过了自己做到的为耻。"

子曰:"君子道者三,我无能焉:仁者不忧,知者不惑,勇者不惧。"子贡曰:"夫子自道也。"

译文

孔子说:"君子之道有三个方面,我都未能做到:仁德的人不忧愁,智慧的人不迷惑,勇敢的人不畏惧。"子贡说:"这正是老师对自己的评述啊!"

子贡方人❶。子曰:"赐也贤乎哉?夫我则不暇❷。"

译文

子贡揭别人的短。孔子说:"赐啊,你真的那么贤德了吗?我可没有这样的闲工夫去评论别人。"

注释

❶ 方人:揭别人的短处,说别人的坏话。
❷ 暇:闲暇。

子曰:"不患人之不己知,患其不能也。"

译文

孔子说:"不忧虑别人不知道自己,只担心自己没有能力。"

子曰:"不逆诈❶,不亿❷不信,抑亦先觉者,是贤乎!"

译文

孔子说:"不预先怀疑别人欺诈,也不猜测别人不诚实,然而又能事先觉察别人的欺诈和不诚实,这就是贤能了。"

注释

❶ 逆:预测,揣度。
❷ 亿:同"臆",揣测。

子曰:"骥❶不称其力,称其德也。"

译文

孔子说:"千里马不应该只称赞它的气力,而应称赞它的品德。"

注释

❶骥:千里马。

或曰:"以德报怨,何如?"子曰:"何以报德?以直报怨,以德报德。"

译文

有人对孔子说:"用恩德来回报怨恨,怎么样?"孔子说:"用什么来回报恩德呢?应该是用正直来回报怨恨,用恩德来回报恩德。"

子曰:"莫❶我知也夫!"子贡曰:"何为其莫知子也?"子曰:"不怨天,不尤❷人,下学而上达。知我者其天乎!"

译文

孔子说:"没有人了解我啊!"子贡说:"为何说没有人了解您呢?"孔子说:"我不埋怨天,不责备人,通过下面努力学习而上达到高深的智慧。了解我的只有上天吧!"

注释

❶ 莫:没有人。
❷ 尤:责备。

子路宿于石门❶。晨门❷曰:"奚自?"子路曰:"自孔氏。"曰:"是知其不可而为之者与?"

译文

子路夜晚留宿在石门。第二天早上进城,守城门的人问他:"你从哪里来啊?"子路说:"从孔子家里来。"守城门的人说:"你说的是那个明知做不到却还要去做的人吗?"

注释

❶ 石门:地名。鲁国都城的外门。
❷ 晨门:看守城门的人。

子路问君子。子曰:"修己以敬。"

曰:"如斯而已乎?"曰:"修己以安人。"

曰:"如斯而已乎?"曰:"修己以安百姓。修己以安百姓,尧舜其犹病诸!"

译文

子路问怎么做才算得上是一个君子。孔子说:"修养自己,以保持恭敬。"

子路说:"这样就行了吗?"孔子说:"修养自己,使他人舒适。"

子路说:"这样就行了吗?"孔子说:"修养自己,使百姓都舒适。修养自己,使百姓都舒适,尧舜在这方面恐怕还有毛病呢!"

出自本篇的成语

见利思义　见危授命　久要不忘
谲而不正　循序渐进　以德报德
以德报怨　以直报怨　怨天尤人
知其不可而为之　九合天下
一匡天下　九合一匡　披发左衽
匹夫匹妇　言过其行　言过其实

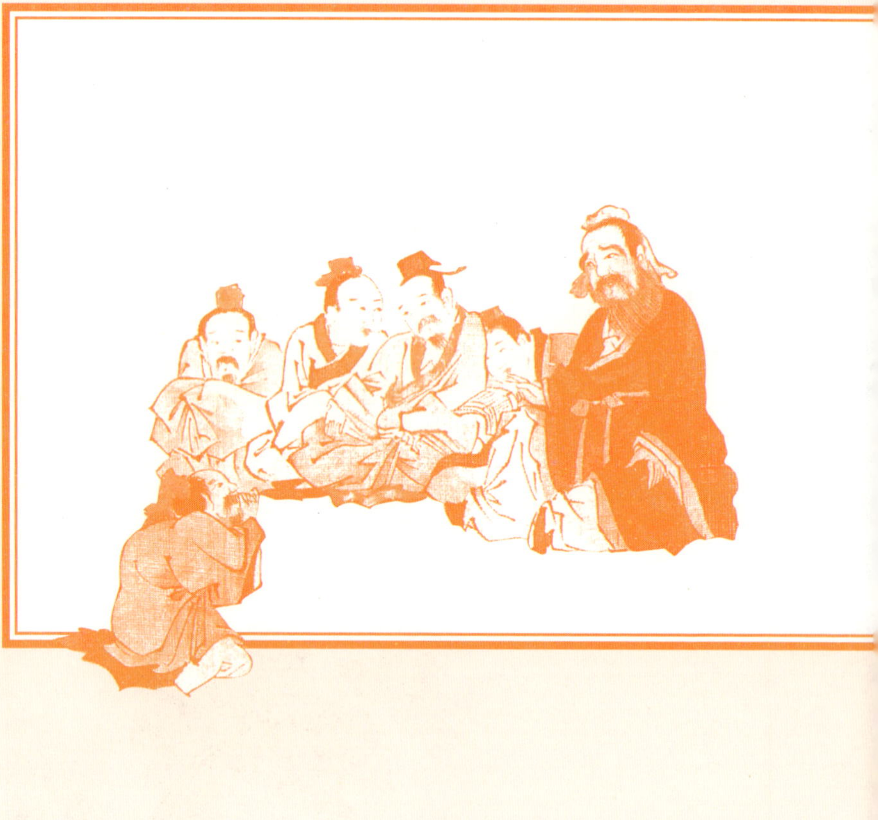

卫灵公篇 第十五

本篇共四十二章，内容多为只语片言、短章格言，主要论述道德修养、为人处世之道，尤其论述君子之道的有十章之多，涉及政治、教育、学术等各方面，还记录了孔子周游列国时的言行。本篇节选三十一章。

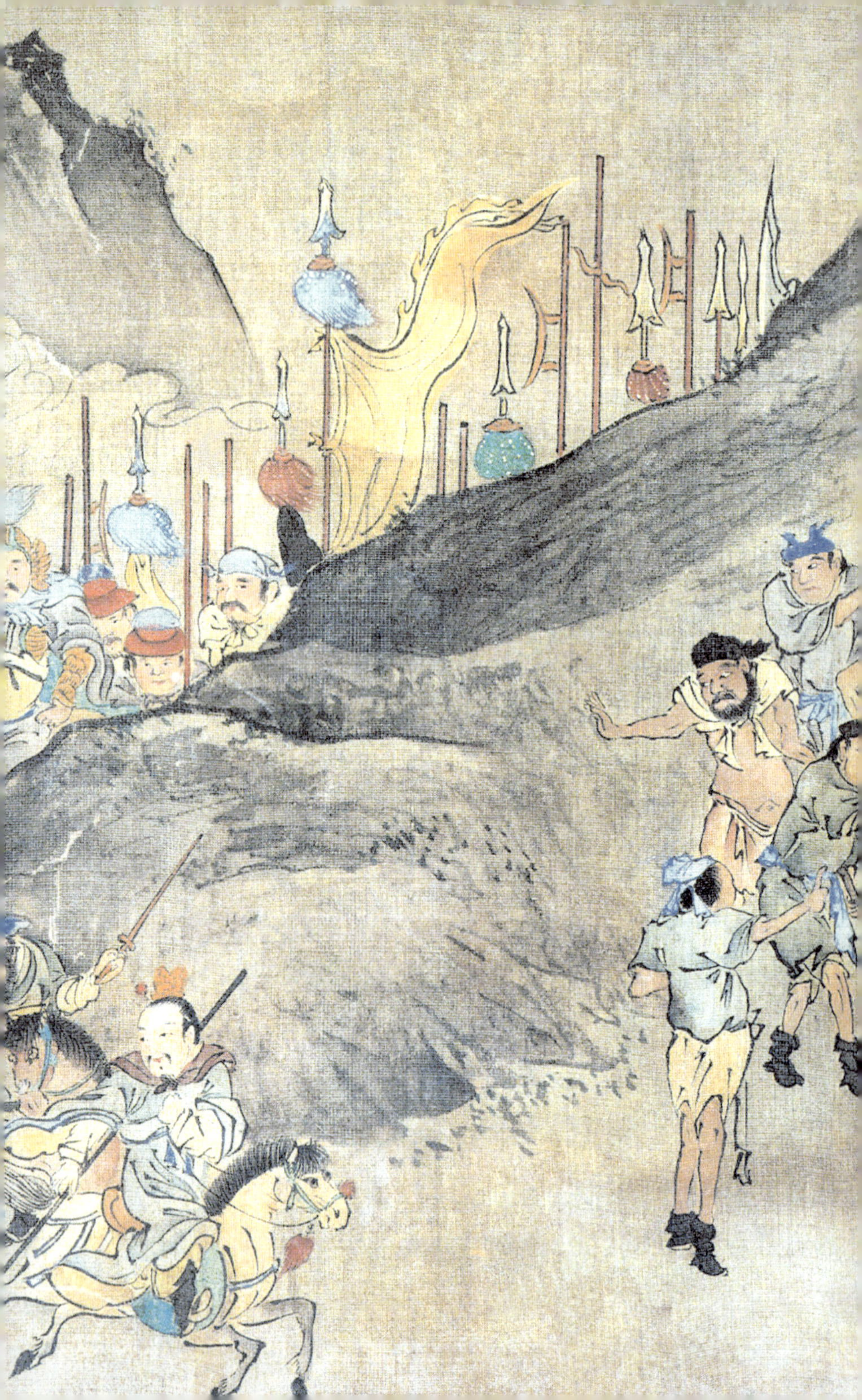

孔子等人来到陈国，住在陈国的一位大夫家中。不久，楚国、吴国发生大战，殃及陈国。兵荒马乱之中，孔子带着弟子匆忙离开，仅靠着随身携带的一点儿干粮，开始还能勉强维持，挨过了三五日，便断了粮。弟子们饿到站不起身来，子路对着孔子怒气冲冲地说道："君子也会陷入这样的窘境吗？"

孔子蠕动着胡须，满脸的皱纹抖动了一下，神情严肃地说："君子穷困时会固守理想，小人穷困时则会动摇！"

卫灵公问陈❶于孔子。孔子对曰："俎（zǔ）豆❷之事，则尝闻之矣；军旅之事，未之学也。"明日遂行。

译文

卫灵公问孔子军队如何陈列布阵。孔子回答说："祭祀礼仪的事，我听说过；用兵打仗的事，我还没学过。"第二天，孔子便离开了卫国。

注释

❶ 陈：同"阵"，军队作战的阵势。
❷ 俎豆：俎，切肉用的案子。豆，古代盛食物的器皿。二者都是祭祀时的礼器。

在陈绝粮，从者病，莫能兴❶。子路愠（yùn）见曰："君子亦有穷乎？"子曰："君子固穷❷，小人穷斯滥❸矣。"

译文

孔子与弟子们在陈国断了粮食，随从的人都饿得站不起来。子路很生气地来见孔子，说道："君子也有穷困的时候吗？"孔子说：

"君子在穷困中会坚守本心，小人穷困就无所不为了。"

注释

❶ 兴：起身。成语如"夙兴夜寐"。
❷ 固穷：在穷困中坚守本心。
❸ 滥：泛滥，没坚守。

子张问行❶。子曰："言忠信，行笃敬，虽蛮貊（mò）❷之邦，行矣。言不忠信，行不笃敬，虽州里❸，行乎哉？立则见其参❹于前也，在舆则见其倚于衡❺也，夫然后行。"子张书诸绅❻。

译文

子张问如何才能使自己到处都能行得通。孔子说："说话忠诚守信，行事老实恭敬，即使到了蛮荒的部族国家，也能行得通。说话不忠诚守信，行事不老实恭敬，就是在本乡本地，能行得通吗？站着，仿佛看到'忠信笃敬'这几个字显现在面前；坐车，好像看到这几个字就在车辕前的横木上，这样才能使自己到处都能行得通。"子张把这些话写在腰间的大带上。

注释

① 行：行得通。
② 蛮貊：古人对少数民族的称呼，蛮在南方，貊在北方。
③ 州里：古代二千五百家为州，二十五家为里。这里指近处。
④ 参：列，显现。
⑤ 衡：车辕前的横木。
⑥ 绅：贵族系在腰间的大带。

子曰："直哉史鱼①！邦有道，如矢②；邦无道，如矢。君子哉蘧伯玉！邦有道，则仕；邦无道，则可卷③而怀之。"

译文

孔子说："史鱼真是正直啊！国家政治清明，他的言行像箭一样正直；国家政治混乱，他的言行也像箭一样正直。蘧伯玉真是个君子啊！国家政治清明就出来做官，国家政治混乱就把自己的主张像卷起来的席子那样收藏在怀里。"

注释

① 史鱼：卫国大夫，名鳝（qiū），字子鱼。

❷矢：矢，箭，比喻正直的品格。
❸卷：卷起来。

子曰："可与言而不与之言，失人；不可与言而与之言，失言。知者不失人，亦不失言。"

译文

孔子说："可以与他说话，却不与他说，就会错失人才；不可以与他说话，却与他说，就会说错话。智慧的人既不错失人才，又不说错话。"

子曰："志士仁人，无求生以害仁，有杀身以成仁。"

译文

孔子说："志士仁人，没有为了求生而损害仁道的，只有牺牲自己来成全仁道的。"

子贡问为仁。子曰："工欲善其事，必先利其器。居是邦也，事其大夫之贤者，友其士之仁者。"

译文

子贡问怎样实行仁道。孔子说:"工匠想把活儿干好,必须先磨工具。住在这个国家,就要侍奉那些大夫中贤能的人,与士人中仁爱的人交朋友。"

子曰:"人无远虑,必有近忧。"

译文

孔子说:"人若没有长远的考虑,就一定会有眼前的忧患。"

子曰:"躬❶自厚而薄责于人,则远怨矣。"

译文

孔子说:"多责备自己而少责备别人,就会远离怨恨。"

注释

❶ 躬:自身。

子曰:"不曰'如之何❶,如之何'者,吾末❷如之何也已矣。"

译文

孔子说:"不思索'怎么办,怎么办'的人,我对他也不知怎么办才好。"

注释

❶ 如之何:怎么办。
❷ 末:否定词。

子曰:"群居终日,言不及义,好行小慧,难矣哉!"

译文

孔子说:"整天聚集在一起,不说仁义的事,只爱耍小聪明,这种人可真难教化了!"

子曰:"君子义以为质,礼以行之,孙以出之,信以成之。君子哉!"

译文

孔子说:"以义为根本,通过礼来推行,用谦逊的语言来表达,用忠诚的态度来完成。这就是君子啊!"

子曰:"君子疾没世❶而名不称焉。"

译文

孔子说:"君子担心的是死了以后自己的名字不被人们称颂。"

注释

❶ 没世:死了之后。

子曰:"君子求诸己,小人求诸人。"

译文

孔子说:"君子遇到问题求之于自己,小人遇到问题求之于别人。"

子曰:"君子矜(jīn)❶而不争,群而不党。"

译文

孔子说:"君子庄重矜持而不与别人争执,合群而不结党。"

注释

❶ 矜:庄重矜持。

子曰:"君子不以言举人,不以人废言。"

译文

孔子说:"君子不因一个人说了什么好话而举荐他,也不因一个人品德不好而不听他的好建议。"

子贡问曰:"有一言而可以终身行之者乎?"子曰:"其恕❶乎!己所不欲,勿施于人。"

译文

子贡问孔子:"有没有一个字可以终身遵行呢?"孔子说:"应该就是'恕'吧!自己不愿意做的,就不要强加给别人。"

注释

① 恕：将心比心，推己及人。

子曰："巧言乱德。小不忍，则乱大谋。"

译文

孔子说："花言巧语扰乱德行。小事情不忍受，就会扰乱大事情。"

子曰："众恶（wù）之，必察焉；众好（hào）之，必察焉。"

译文

孔子说："众人都厌恶他，必须考察一下；众人都喜欢他，也必须考察一下。"

子曰："人能弘道，非道弘人。"

译文

孔子说:"人能弘扬道法,不是道法能弘扬人。"

子曰:"过而不改,是谓过矣。"

译文

孔子说:"有了过错而不改正,这样的过错才真叫作错误了。"

子曰:"吾尝终日不食,终夜不寝,以思,无益,不如学也。"

译文

孔子说:"我曾经整天不吃饭,整宿不睡觉,以此去思考,结果没有什么益处,还不如去学习呢。"

子曰:"君子谋道不谋食。耕也,馁(něi)❶在其中矣;学也,禄在其中矣。君子忧道不忧贫。"

译文

孔子说:"君子谋求道法的行世,不谋求衣食。耕田,也常要饿肚子;学习,则可得到俸禄。君子只担心道法是否可行,不担心贫穷。"

注释

❶ 馁:饥饿。

子曰:"民之于仁也,甚于水火。水火,吾见蹈而死者矣,未见蹈仁而死者也。"

译文

孔子说:"百姓对于仁道的需求,迫切于对水火的需求。我见过人因为水火而死的,却没有见过因为仁道而死的。"

子曰:"当仁,不让于师。"

译文

孔子说:"需要实践仁德时,就是老师,也不同他谦让。"

子曰:"君子贞❶而不谅❷。"

译文

孔子说:"君子坚守正道而不拘泥于小信用。"

注释

❶ 贞:坚守正道。
❷ 谅:信用。

子曰:"事君,敬其事而后其食❶。"

译文

孔子说:"侍奉君主,要先认真办事,而后再要求俸禄。"

注释

❶ 食:俸禄。

子曰:"有教无类[1]。"

译文

孔子说:"任何人都可以接受教育,这方面是没有区别的。"

注释

[1] 类:类别,区别。

子曰:"道不同,不相为谋。"

译文

孔子说:"奉行的道法不同,互相之间不能商议。"

子曰:"辞达而已矣。"

译文

孔子说:"言辞只要能表达意思就行了。"

师冕❶见,及阶,子曰:"阶也。"及席,子曰:"席也。"皆坐,子告之曰:"某在斯,某在斯。"

师冕出。子张问曰:"与师言之道与?"子曰:"然,固相❷师之道也。"

译文

乐师冕来拜见孔子,走到台阶前,孔子说:"到台阶了。"走到座席旁,孔子说:"到座席了。"等大家都坐下来,孔子告诉他:"某某在这里,某某在这里。"

乐师冕走了以后,子张就问孔子:"这就是与乐师交流的方法吗?"孔子说:"是,这本就是帮助乐师的方法。"

注释

❶ 师冕:师,乐师,春秋时的乐师都是盲人。冕,是该乐师的名字。
❷ 相:帮助。

出自本篇的成语

不以人废言　成仁取义　当仁不让

道不同，不相为谋　各不相谋

君子固穷　求人不如求己　群而不党

人无远虑，必有近忧　仁人志士

杀身成仁　推己及人　小不忍则乱大谋

有教无类　志士仁人　众好众恶

工欲善其事，必先利其器　言不及义

好行小惠　己所不欲，勿施于人

卫灵公篇 第十五

孔子的车子行走在一片树林中,忽然一阵歌谣传来:"凤凰啊凤凰,你高洁的品德如何就衰损了啊!那过去的既然不可匡正,未来的还可去追求呀!罢了吧,罢了吧,现在那些从政的人都指不上的!"

大家定睛看时,路的前方走来一个衣衫褴褛、披散着头发、像个乞丐一样的人。孔子坐在车厢里听得仔细,这歌中的"凤凰"似乎是指自己。

于是孔子叫停马车,从车上下来,想和这人说上几句。没想到那人一溜烟儿钻进树林里去了。孔子便没能与他搭上话,后来才知道这人便是楚国的狂人接舆。

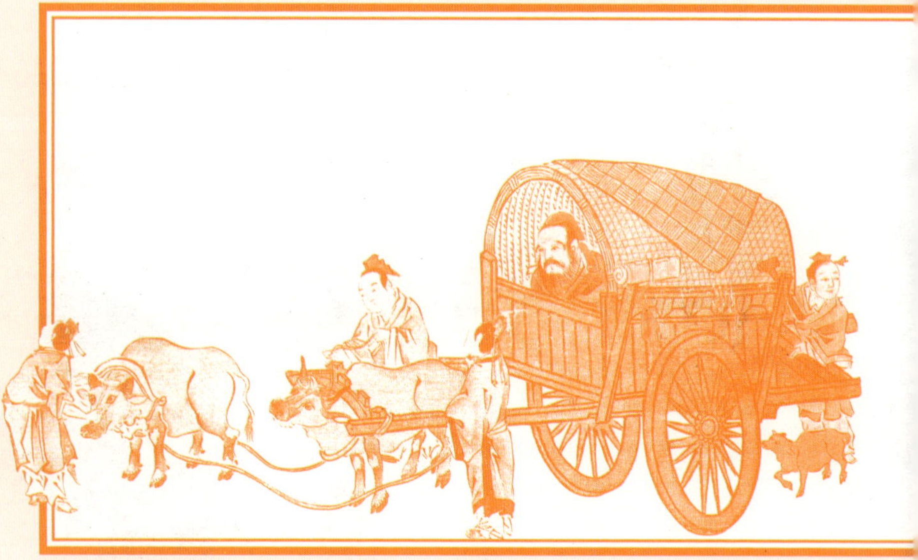

季氏篇 第十六

本篇包括十四章，内容多以『孔子曰』开头，当是孔子弟子之外的人记录的孔子的言行。主要谈论了交友之道、君子的言行举止等问题。本篇节选九章。

孔子一行继续往楚国方向进发，路过一片田野，刚翻起的土地散发出清新的味道。只见两个老者正一前一后播种黍米，孔子便打发子路去问路。

"老者，此去叶邑还有多少路程啊？"子路向其中一个问道。

谁知那老者却不回答，反问子路："那车上的人是谁啊？"

"哦，那是孔丘。"子路说。

"是鲁国的那个孔丘吗？"

"是的。"

"他自己就是个知路的人,还用向我们问路吗?"那人笑着说。

子路又问另一个。

谁知这人也反问子路:"你是谁啊?"

"我是仲由。"

"你是鲁国孔丘的徒弟吧?"

"是的。"

这人冷冷地看着子路说道:"这天下已是洪水滔天,不可收拾,谁能改变呢?你们与其跟着他到处躲避坏人,不如做个隐士躲避这世界!"

说完,两人便又播种起来,不再理会子路。

子路把这些告诉了孔子,孔子感慨地说:"作为一个人,不生活在人类之中,而是隐居起来和鸟兽同群,这可以吗?如果天下是太平的,我就不会这么操心了!"

孔子曰："益者三友，损者三友。友直，友谅❶，友多闻，益矣。友便（pián）辟❷，友善柔❸，友便佞❹，损矣。"

译文

孔子说："有益的朋友有三种，有害的朋友有三种。正直的朋友，诚信的朋友，见识广博的朋友，这是有益的。浮夸不实的朋友，善于谄媚的朋友，夸夸其谈的朋友，这是有害的。"

注释

❶ 谅：诚信。
❷ 便辟：浮夸不实。
❸ 善柔：善于谄媚。
❹ 便佞：夸夸其谈。

孔子曰："益者三乐，损者三乐。乐❶节礼乐❷，乐道人之善，乐多贤友，益矣。乐骄乐❸，乐佚（yì）❹游，乐宴乐❺，损矣。"

译文

孔子说："有益的快乐有三种，有害的快乐有三种。以礼乐调

节自己为快乐，以称道别人的善处为快乐，以结交不少贤德之友为快乐，这是有益的。以骄纵享乐为快乐，以闲游安逸为快乐，以宴饮欢会为快乐，这是有害的。"

注释

❶ 乐：以……为乐。
❷ 节礼乐：用礼乐来节制自己。
❸ 骄乐：骄纵享乐。
❹ 佚：佚，同"逸"，即闲适安乐。
❺ 宴乐：宴饮取乐。

孔子曰："侍于君子有三愆（qiān）❶：言未及之而言谓之躁，言及之而不言谓之隐，未见颜色而言谓之瞽（gǔ）❷。"

译文

孔子说："侍奉君子有三种过失需避免：不该说时便说，就叫急躁；该说时不说，就叫隐瞒；不看脸色说话，就叫目盲。"

注释

❶ 愆：过失。
❷ 瞽：盲人。

孔子曰:"君子有三戒:少之时,血气未定,戒之在色;及其壮也,血气方刚,戒之在斗;及其老也,血气既衰,戒之在得❶。"

译文

孔子说:"君子一生有三种情况需引以为戒:年少的时候,血气还不稳定,要戒除迷恋女色;等到了壮年,血气正旺,要戒除争斗;到了老年,血气已经衰弱,要戒除贪得无厌。"

注释

❶ 得:贪得无厌。

孔子曰:"生而知之者,上也;学而知之者,次也;困而学之,又其次也;困而不学,民斯为下矣。"

译文

孔子说:"生来就知道的,是上等;学习后才知道的,是次等;遇到困难再去学习的,又次一等;遇到困难还不学习的,这种人就是下等了。"

孔子曰:"君子有九思❶:视思明,听思聪,色思温,貌思恭,言思忠,事思敬,疑思问,忿❷思难,见得思义。"

译文

孔子说:"君子有九种考虑:看的时候,要考虑是否看明白;听的时候,要考虑是否听清楚;脸色,要考虑是否温和;容貌,要考虑是否谦恭;言谈,要考虑是否忠诚;办事,要考虑是否严肃认真;遇到疑问,要考虑是否该向人询问;愤怒时,要考虑是否有后患;获得利益时,要考虑是否符合义的准则。"

注释

❶ 思:考虑。
❷ 忿:同"愤"。

孔子曰:"见善如不及❶,见不善如探汤❷。吾见其人矣,吾闻其语矣。隐居以求其志,行义以达其道。吾闻其语矣,未见其人也。"

译文

孔子说:"看到善行,就好像追不上似的去追赶;看到不善良的事,就好像把手放进沸水中一样急忙避开。我见到过这样的人,也听到过这样的话。通过隐居来保全志向,依照义的准则来达到所奉行的道法。我听到过这种话,却没有见到过这样的人。"

注释

❶ 不及:追不上。
❷ 汤:这里指沸水。

齐景公有马千驷❶,死之日,民无德而称焉。伯夷、叔齐饿于首阳之下,民到于今称之。其斯之谓与?

译文

齐景公有四千匹马,死的时候,老百姓没有人称颂他有什么好德行。伯夷、叔齐饿死在首阳山下,老百姓到现在还在称颂他们。说的就是这个意思吧?

注释

❶ 驷：一驷为四匹马。

陈亢（gāng）❶问于伯鱼❷曰："子亦有异闻❸乎？"

对曰："未也。尝独立，鲤趋❹而过庭。曰：'学诗乎？'对曰：'未也。''不学诗，无以言❺。'鲤退而学诗。他日，又独立，鲤趋而过庭。曰：'学礼乎？'对曰：'未也。''不学礼，无以立。'鲤退而学礼。闻斯二者。"

陈亢退而喜曰："问一得三。闻诗，闻礼，又闻君子之远（yuàn）❻其子也。"

译文

陈亢问孔子的儿子孔鲤："你在老师那里听到过什么与其他学生不同的教诲吗？"

伯鱼回答说："没有。只是有一次他独自站在庭中，当我快步从庭中走过时，他问：'学《诗》了吗？'我回答：'没有。'他说：'不学诗，就不会说话表达。'我回去就学了《诗》。又有一天，他

又独自站在庭中，我快步从庭中走过，他问：'学礼了吗？'我回答：'没有。'他说：'不学礼就无法立身。'我回去就学了礼。我就听到这两点。"

陈亢回去很高兴，说道："我只问了一个问题，却得到三方面的收获。知道了要学习《诗》，知道了要学习礼，又知道了君子不偏爱自己的儿子。"

注释

❶ 陈亢：字子禽，孔子的学生。
❷ 伯鱼：孔鲤，字伯鱼，孔子的儿子。
❸ 异闻：这里指不同于孔子对其他学生所讲的内容。
❹ 趋：小步快走。这在古代是一种礼节，表示敬意。
❺ 不学诗，无以言：春秋时期，上层贵族盛行"以诗言志"，即通过援引《诗经》中的话来表达自己的思想。《诗经》也是外交中士大夫之间辞令交锋的重要参考书。
❻ 远：不偏爱。

出自本篇的成语

和颜悦色　困而不学　困而学之
过庭之训　诗礼之训　血气方刚
隐居求志　直谅多闻　益者三友
生而知之

孔子到达楚国的叶邑，住在叶公处。楚昭王听说后很高兴，随即派遣使者，带着厚礼来探望孔子。

楚昭王想要封给孔子一块土地，令尹子西劝阻道："论外交，大王您有像子贡一样的人才吗？论辅佐，您有像颜回那样的贤人吗？论军事，您有子路那般勇武的将帅吗？论行政，您又有宰我那样的能臣吗？"

楚昭王听了，一脸茫然。

"况且那孔子非常想恢复周朝的礼制！大王，您若果真给孔子封了土地，绝非我们楚国的福运啊！"

于是，楚昭王便打消了分封孔子的念头。

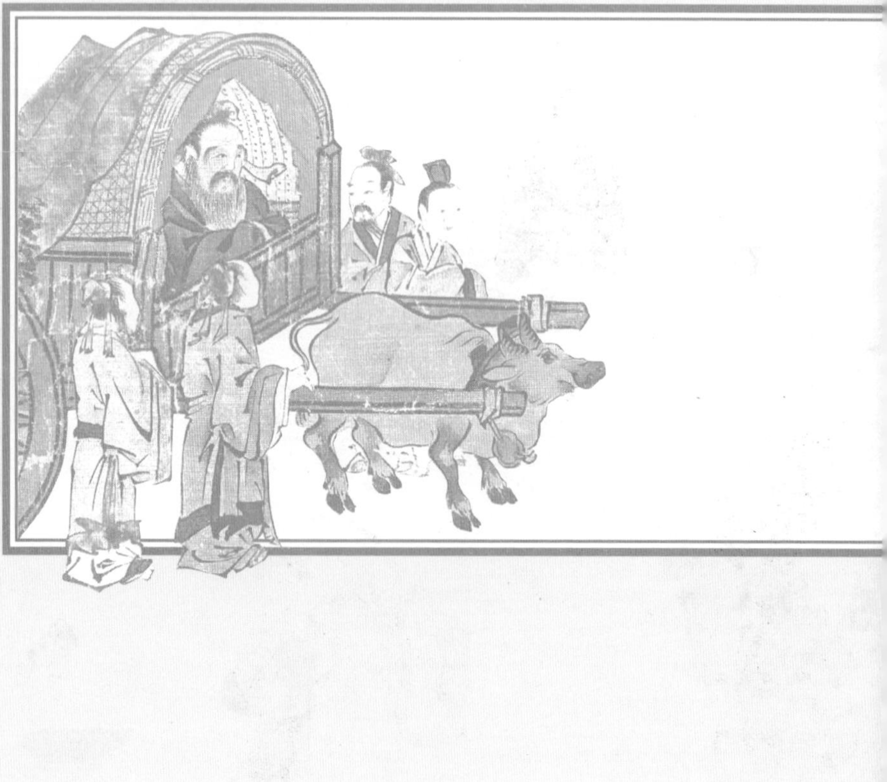

阳货篇 第十七

本篇共二十六章。主要记录了孔子在政治选择上的言行、活动，以及他对仁、礼、孝、求学、天命等问题的看法。本篇节选十七章。

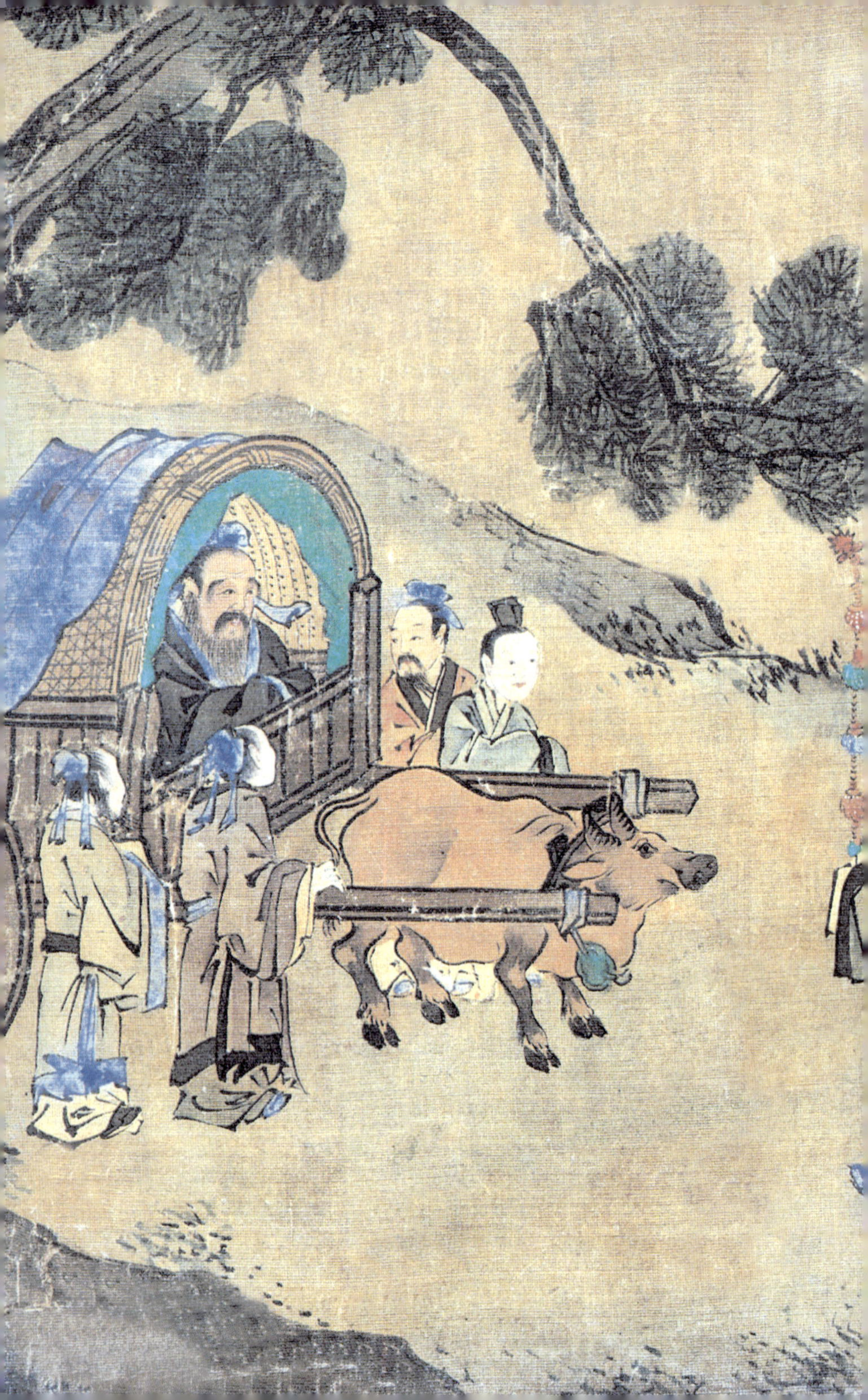

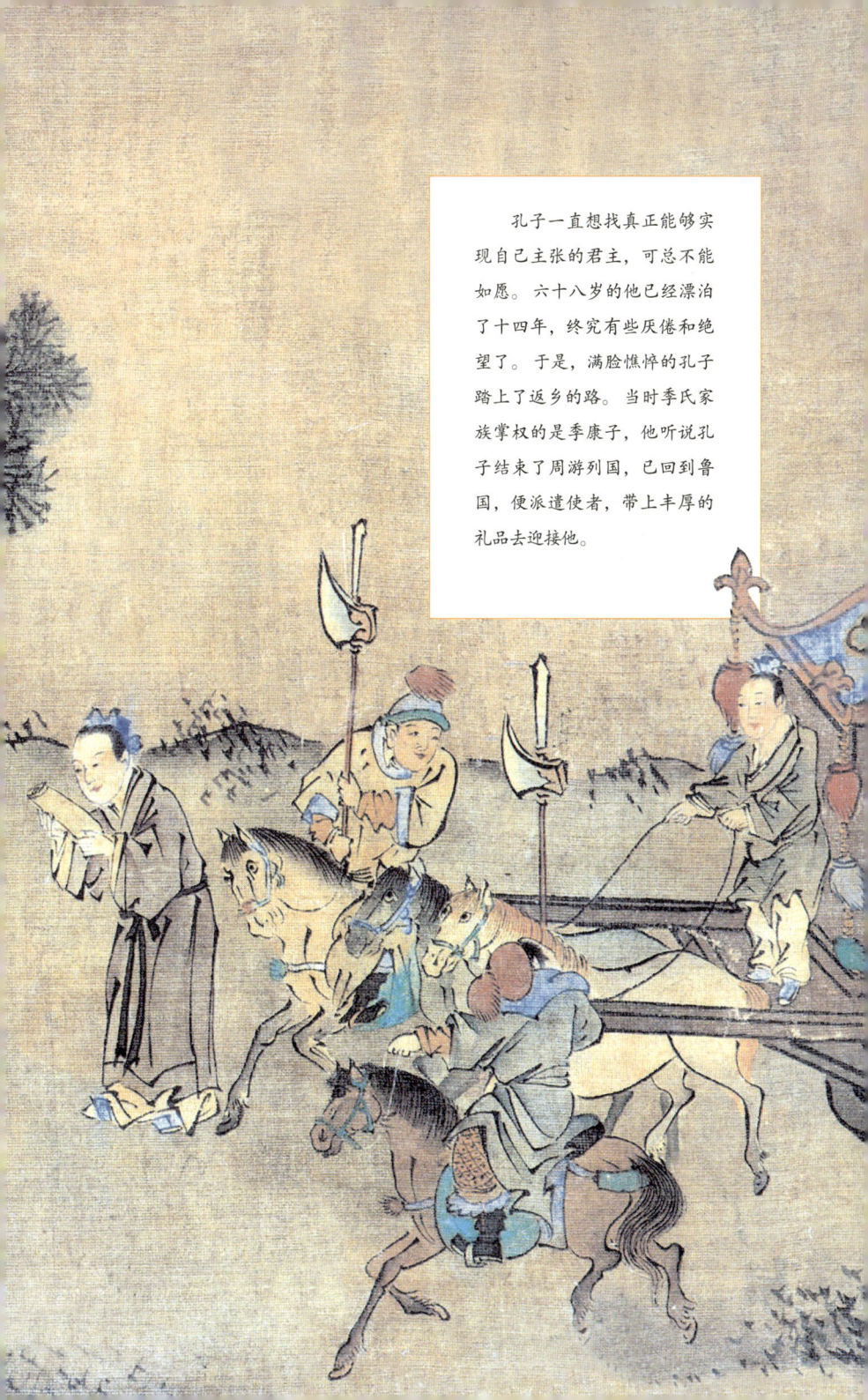

孔子一直想找真正能够实现自己主张的君主，可总不能如愿。六十八岁的他已经漂泊了十四年，终究有些厌倦和绝望了。于是，满脸憔悴的孔子踏上了返乡的路。当时季氏家族掌权的是季康子，他听说孔子结束了周游列国，已回到鲁国，便派遣使者，带上丰厚的礼品去迎接他。

阳货①欲见孔子,孔子不见,归(kuì)孔子豚(tún)②。

孔子时其亡③也,而往拜之。

遇诸涂④。

谓孔子曰:"来!予与尔言。"曰:"怀其宝而迷其邦⑤,可谓仁乎?"曰:"不可。""好从事而亟(qì)⑥失时,可谓知乎?"曰:"不可。""日月逝矣,岁不我与⑦。"⑧

孔子曰:"诺;吾将仕矣。"

译文

阳货想见孔子,孔子不肯见,他便赠送孔子一头蒸熟的小猪,想让孔子还礼时去拜见他。

孔子等到阳货不在家时,去还礼拜谢。

却在半路上遇见阳货。

阳货对孔子说:"来,我跟你说几句话。"他说:"把自己的才华隐藏起来而听任国家迷乱,这可以叫作仁吗?"他自己回答:"不可以。""喜欢参与政事却又屡次错失机会,这可以说是智吗?"他又自己回答:"不可以。""时光流逝,岁月可不等人的!"

孔子说:"好吧,我要去做官了。"

注释

① 阳货：又叫阳虎，季氏的家臣。
② 归孔子豚：归，同"馈"，赠送。豚，这里指蒸熟的小猪。当时的礼俗是"礼尚往来"，被人赠礼，主人家就要还礼。阳货想利用这个礼俗，让孔子还礼时来拜访他。
③ 时其亡：等阳货外出的时候。亡，同"无"，这里指不在家。
④ 涂：涂，同"途"，道路。
⑤ 迷其邦：听任国家迷乱。
⑥ 亟：屡次。
⑦ 与：等待。
⑧ 以上都是阳货的自问自答。

子曰："性相近也，习相远也。"

译文

孔子说："人的本性相近，习惯使人们有了差别。"

子张问仁于孔子。孔子曰："能行五者于天下为仁矣。"

"请问之。"曰："恭、宽、信、敏、惠。恭则不侮，

宽则得众，信则人任焉，敏则有功，惠则足以使人。"

译文

子张向孔子请教怎样做才算仁德。孔子说："能将五种品德推行于天下就算是'仁德'了。"

子张说："请问是哪五种？"孔子说："庄重、宽容、诚实、勤勉、慈惠。庄重就不会遭受侮辱，宽容就会得到众人的拥护，诚信就能得到别人的任用，勤勉就会提高工作效率，慈惠就能役使人。"

佛（bì）肸（xī）❶召，子欲往。

子路曰："昔者由也闻诸夫子曰：'亲于其身为不善者，君子不入也。'佛肸以中牟❷畔❸，子之往也，如之何？"

子曰："然，有是言也。不曰坚乎，磨而不磷（lìn）❹；不曰白乎，涅（niè）❺而不缁（zī）❻。吾岂匏（páo）瓜❼也哉？焉能系而不食？"

译文

佛肸召孔子，孔子打算前往。子路说："从前我听夫子说过：'亲身做坏事的人那里，君子是不去的。'现在佛肸盘踞中牟叛乱，您却要去，您怎么这样呢？"孔子说："是的，我说过这样的话。不是说坚硬的东西磨也磨不薄吗？不是说洁白的东西染也染不黑吗？我难道是那苦葫芦吗？怎么能悬挂在那里而不给人吃呢？"

注释

❶ 佛肸：晋国大夫范氏、中行氏家臣，中牟城的长官。
❷ 中牟：晋国城邑名，故址传说不一，据《史记》载为今河南省鹤壁市西。
❸ 畔：同"叛"，叛乱。
❹ 磷：薄。
❺ 涅：一种矿物质，可用作黑色的颜料。这里为动词，"染黑"的意思。
❻ 缁：黑色。
❼ 匏瓜：葫芦中的一种，味苦不能吃。

子曰："由也！女闻六言❶六蔽❷矣乎？"对曰："未也。"

"居❸！吾语（yù）❹女。好仁不好学，其蔽也

愚[5]；好知不好学，其蔽也荡[6]；好信不好学，其蔽也贼[7]；好直不好学，其蔽也绞[8]；好勇不好学，其蔽也乱；好刚不好学，其蔽也狂。"

译文

孔子说："仲由呀，你听说过六种美德和六种弊病吗？"子路回答说："没有。"

孔子说："坐下，我告诉你。爱好仁德而不爱好学习，它的弊病是愚蠢；爱好智慧而不爱好学习，它的弊病是放纵；爱好诚实而不爱好学习，它的弊病是害人害己；爱好直率却不爱好学习，它的弊病是刻薄；爱好勇敢却不爱好学习，它的弊病是犯上作乱；爱好刚强却不爱好学习，它的弊病是狂妄。"

注释

❶ 言：美德。
❷ 蔽：同"弊"，弊病。
❸ 居：坐。
❹ 语：告诉，说给……听。
❺ 愚：愚蠢。
❻ 荡：放纵。
❼ 贼：害人害己。
❽ 绞：刻薄。

子曰："礼云礼云，玉帛云乎哉？乐云乐云，钟鼓云乎哉？"

译文

孔子说："礼啊礼啊，只是在说玉帛之类的礼器吗？乐啊乐啊，只是在说钟鼓之类的乐器吗？"

子曰："色厉而内荏（rěn）❶，譬诸小人，其犹穿窬（yú）❷之盗也与？"

译文

孔子说："脸色严厉而内心软弱的人，若以小人做比喻，就像是穿墙打洞的小偷吧？"

注释

❶ 色厉而内荏：荏，软弱。脸色严厉而内心软弱的人。
❷ 窬：洞。

子曰："乡原❶，德之贼也。"

译文

孔子说:"没有是非之心的好好先生,是道德之名的抢劫者。"

注释

❶ 原:同"愿",忠厚老实的样子。

子曰:"道听而涂❶说,德之弃也。"

译文

孔子说:"在路上听到了传言,又到处去传播,这是道德所唾弃的。"

注释

❶ 涂:同"途"。

子曰:"鄙夫❶可与事君也与哉?其未得之也,患得之。既得之,患失之。苟患失之,无所不至矣。"

译文

孔子说:"怎么可以与庸俗浅陋的人一起侍奉君主呢?在没有

得到官位时，他总担心得不到。已经得到了，他又担心会失去它。如果他担心失掉官位，那他就什么事都干得出来了。"

注释

❶ 鄙夫：庸俗浅陋的人。

子曰："古者民有三疾，今也或是之亡（wú）也。古之狂❶也肆❷，今之狂也荡❸；古之矜也廉❹，今之矜❺也忿戾❻；古之愚也直，今之愚也诈而已矣。"

译文

孔子说："古代人有三种毛病，现代人恐怕连这三种毛病也不是原来的样子了。古代人的狂放只是放肆，不拘泥礼节，而现代人的狂放却是放荡，不守礼节；古代人的自大只是有棱角，不亲和，而现代人的自大却是乖戾易怒；古代人的愚笨只是直率一些，现代的愚笨者却是欺诈啊！"

注释

❶ 狂：狂放。
❷ 肆：放肆，不拘泥礼节。
❸ 荡：放荡，不遵守礼法。
❹ 廉：有棱角，不亲和。

❺ 矜：自大。

❻ 忿戾：乖戾易怒。

子曰："予欲无言。"子贡曰："子如不言，则小子何述焉？"子曰："天何言哉？四时行焉，百物生焉，天何言哉？"

译文

孔子说："我想不说话了。"子贡说："您若不说话，我们做弟子的还传述什么呢？"孔子说："天何尝说话呢？四季运转，百物生长，天何尝说话呢？"

孺悲❶欲见孔子，孔子辞以疾。将命者出户，取瑟而歌，使之闻之。

译文

孺悲想拜见孔子，孔子以生病为由推辞不见。传话的人刚出门，孔子便取来瑟弹奏并唱起歌来，有意让孺悲听到。

注释

❶ 孺悲：鲁国人，鲁哀公曾派他向孔子学礼。

子曰:"饱食终日,无所用心,难矣哉!不有博弈者乎?为之,犹贤乎已。"

译文

孔子说:"整天吃饱了饭,什么也不想,可真是难呀!不是还有下棋的游戏吗?做那个也比闲着好。"

子路曰:"君子尚勇乎?"子曰:"君子义以为上。君子有勇而无义为乱,小人有勇而无义为盗。"

译文

子路说:"君子崇尚勇敢吗?"孔子道:"君子以义作为最高的准则。君子有勇而无义就会作乱,小人有勇无义就会做盗贼。"

子贡曰:"君子亦有恶(wù)❶乎?"子曰:"有恶。恶称人之恶(è)者,恶居下流❷而讪(shàn)❸上者,恶勇而无礼者,恶果敢❹而窒❺者。"

曰:"赐也亦有恶乎?""恶徼(jiǎo)❻以为知者,恶不孙❼以为勇者,恶讦(jié)❽以为直者。"

译文

子贡说:"君子也有厌恶的事吗?"孔子说:"有厌恶的事。厌恶宣扬别人短处的人,厌恶身居下位却诽谤上位的人,厌恶勇敢却不懂礼节的人,厌恶果决却顽固不化的人。"孔子又说:"赐,你也有厌恶的事吗?"子贡说:"厌恶侥幸却自以为聪明的人,厌恶把不谦逊当作勇敢的人,厌恶揭发别人的隐私却自以为正直的人。"

注释

1. 恶:厌恶。
2. 下流:地位在下的。
3. 讪:诽谤。
4. 果敢:果决勇敢。
5. 窒:阻塞,顽固不化。
6. 徼:徼行,即"侥幸"。
7. 孙:同"逊",谦逊。
8. 讦:揭发隐私。

子曰:"年四十而见恶(wù)焉,其终也已。"

译文

孔子说:"到了四十岁的时候还被人厌恶,他这一生也算是完了。"

出自本篇的成语

饱食终日　穿窬之盗　道听途说
怀宝迷邦　患得患失　磨而不磷
涅而不缁　色厉内荏　上智下愚
时不我待　时不我与　岁不我与
无所不至　无所用心

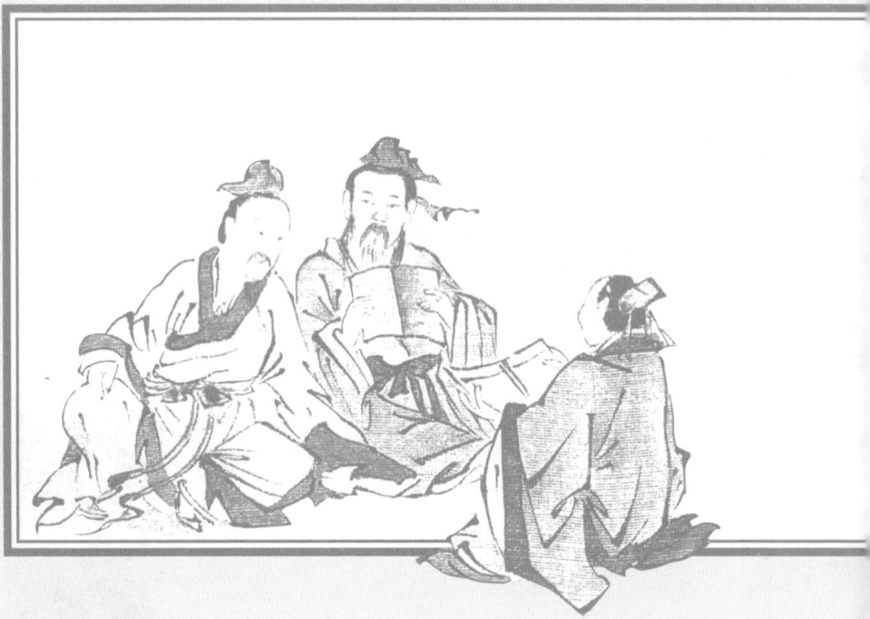

微子篇 第十八

本篇共计十一章,主要记录了隐士对孔子的嘲笑,孔子对归隐的看法,以及孔子与隐士之间在思想上的对立。隐士是"知其不可为而逃之",孔子是"知其不可为而为之"。本篇故事性的场景较多,塑造了孔子独立不羁的人物形象。本篇节选五章。

孔子回到鲁国，年事已高，再无做官的念头，他便努力发挥余热，废寝忘食地整理起古籍文献来。他的这项工作使《尚书》《诗经》《春秋》《易经》等典籍能够尽量保持原貌，留存后世，这在中国文化史上可以说是一件大功绩。

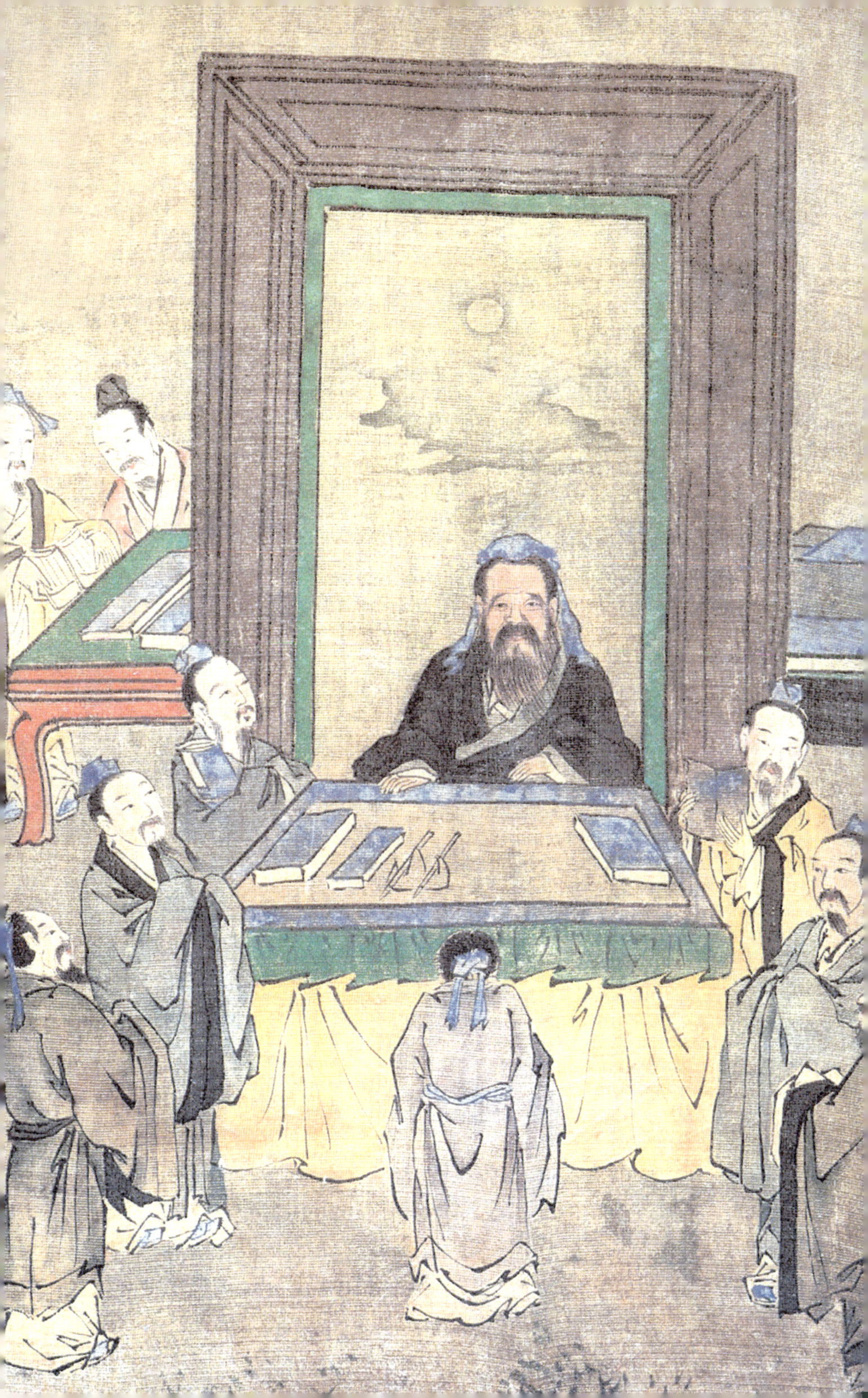

微子❶去之，箕（jī）子❷为之奴，比干❸谏而死。孔子曰："殷有三仁焉。"

译文

微子离开了纣王，箕子做了纣王的奴隶，比干因进谏被纣王所杀。孔子说："殷朝有三位仁人。"

注释

❶ 微子：殷纣王的同母兄长，见纣王昏庸无道，劝谏无果，便离开了纣王。
❷ 箕子：殷纣王的叔父。他曾劝谏纣王，纣王不听，于是披发装疯，最后被囚为奴隶。
❸ 比干：殷纣王的叔父，屡次强谏，被纣王所杀。

齐人归❶女乐，季桓子❷受之，三日不朝。孔子行。

译文

齐国给鲁国赠送歌姬，季桓子接受了，三天不上朝。于是孔子离开了鲁国。

注释

❶ 归：同"馈"，赠送。
❷ 季桓子：鲁国大夫，主掌鲁国政局。

楚狂❶接舆❷歌而过孔子曰："凤兮凤兮！何德之衰？往者不可谏，来者犹可追。已而，已而！今之从政者殆而！"

孔子下，欲与之言。趋而辟之，不得与之言。

译文

楚国的一个狂人走近孔子的车驾，唱着歌从车旁走过，他唱道："凤凰啊，凤凰啊！你的德运怎么这么衰弱？过去的无可挽回，未来的还来得及去追求啊。算了吧，算了吧！今天的执政者处在危亡中啊！"

孔子下车，想与他搭话，他却快步躲开了，孔子没能和他说上话。

注释

❶ 楚狂：楚国的狂人。
❷ 接舆：接，接近，靠近。舆，车驾。另说为楚人陆通，字接舆。

长沮、桀溺❶耦而耕❷。孔子过之，使子路问津❸焉。

长沮曰:"夫执舆❹者为谁?"

子路曰:"为孔丘。"

曰:"是鲁孔丘与?"

曰:"是也。"

曰:"是知津矣。"

问于桀溺。

桀溺曰:"子为谁?"

曰:"为仲由。"曰:"是鲁孔丘之徒与?"

对曰:"然。"

曰:"滔滔者❺天下皆是也,而谁以易❻之?且而与其从辟❼人之士也,岂若从辟世之士哉?"耰(yōu)❽而不辍❾。

子路行以告。

夫子怃(wǔ)然❿曰:"鸟兽不可与同群,吾非斯人之徒与而谁与⓫?天下有道,丘不与易也。"

译文

长沮、桀溺两人并肩耕种。孔子一行路过,让子路去寻问渡口在哪里。

长沮问子路:"那个手持缰绳驾车的人是谁?"

子路说:"是孔丘。"

长沮说:"是鲁国的那位孔丘吗?"

子路说:"是的。"

长沮说:"他是知道渡口的人。"

子路又问桀溺。

桀溺说:"你是谁?"

子路说:"我是仲由。"

桀溺说:"你是鲁国孔丘的门徒吗?"

子路说:"是的。"

桀溺说:"像河流一样汹涌的世道天下皆是,你们同谁去改变它呢?况且你与其跟着躲避坏人的人,为什么不跟着躲避世界的人呢?"说完,他们便又耕种起来不再停下。

子路回来把情况告诉孔子。

孔子怅然地说道:"人是不能与鸟兽共处的,我不跟人打交道又与谁打交道呢?如果天下太平,我也不会与你们一起出来寻找改变之道了。"

注释

❶ 长沮、桀溺:两位隐士,姓名、身世均不详。

❷ 耦而耕:两人并肩而耕。

❸ 问津:津,渡口。寻问渡口在哪里。

④ 执舆：驾车。

⑤ 滔滔者：像河流一样汹涌的世道。

⑥ 易：改变。

⑦ 辟：同"避"，躲避。

⑧ 耰：播种后覆土。

⑨ 辍：停止。

⑩ 怃然：怅然，失意。

⑪ 与：接触，交往。

子路从而后，遇丈人❶，以杖荷（hè）蓧（diào）❷。

子路问曰："子见夫子乎？"

丈人曰："四体不勤，五谷不分❸，孰为夫子？"植其杖而芸❹。

子路拱而立。止子路宿，杀鸡为黍（shǔ）❺而食（sì）❻之。见（xiàn）❼其二子焉。

明日，子路行以告。

子曰："隐者也。"使子路反❽见之。至，则行矣。

子路曰："不仕无义。长幼之节，不可废也；君臣之义，如之何其废之？欲洁其身，而乱大伦❾。君

子之仕也，行其义也。道之不行，已知之矣。"

译文

子路跟随孔子出行，落在了后面，遇到一个老人，用拐杖挑着一个耘田的竹器。

子路问道："你看到夫子了吗？"

老人说："我还没开始干活，还没给五谷施肥，我哪里知道谁是夫子呢？"说完，便用拐杖除起草来。

子路拱手站在一旁。之后，老人留子路在家里住宿，杀了鸡，做了黄米饭给他吃，又叫两个儿子出来与子路见面。

第二天，子路赶上了孔子，便把这件事告诉了孔子。

孔子说："那位老人是个隐士。"孔子便让子路回去再拜见那位老人。子路到了那里，老人已经出远门了。

子路说："不出来做官是不符合义的。长幼间的礼节不可废弃，君臣间的道义怎么就能废弃呢？想要洁身自好，却反而破坏了伦理。君子出去做官，是为了实践道义。至于道无法实现，早就知道了。"

注释

❶ 丈人：老人。

❷ 蓧：古代耘田的竹器。

❸ 四体不勤，五谷不分：分，即"粪"。大意为：还没开始干活，还没给五谷施肥。

❹ 芸：除草。

❺ 黍：黄米。

❻ 食：让……吃。

❼ 见：同"现"，使……出现。

❽ 反：同"返"。

❾ 伦：伦理。

出自本篇的成语

❀❀❀

来者可追　四体不勤，五谷不分

无人问津

子张篇 第十九

本篇共计二十五章,内容都是孔子弟子的话,当是孔子去世后弟子相互之间的言行,表现了他们对孔子学说的忠诚和传述,尤其是子贡对孔子身后形象的维护,足可称道。本篇节选十八章。

正当孔子孜孜不倦地整理典籍之际，他的儿子孔鲤竟去世了。每想起教导儿子朗咏《诗经》的场景时，他便止不住地流泪。他最看重的颜回，一直留守在身边，却也在他七十岁那年英年早逝，这使孔子痛不欲生。不久，子路在卫国也为乱军杀害，剁成了肉泥，孔子得知后大为悲痛。从此，他看到肉酱就会万分伤心地想起子路，便再也不吃肉酱了。

一天，叔孙氏携着众家臣去狩猎，打死了一头野兽，却没人知道是什么，就将它扔在了大路上。有人便来告诉孔子："那打死的野兽浑身长满了鳞片，阳光下光芒万丈，头上还长着肉角！"孔子拄着拐杖，在弟子们的陪同下前往观看。孔子一见，竟老泪纵横，嘴里不住地悲叹道："麒麟啊，那是麒麟啊！麒麟是仁爱的灵兽，如今再现人间却被打死，果真是我主张仁爱的道术要毁了吗？"

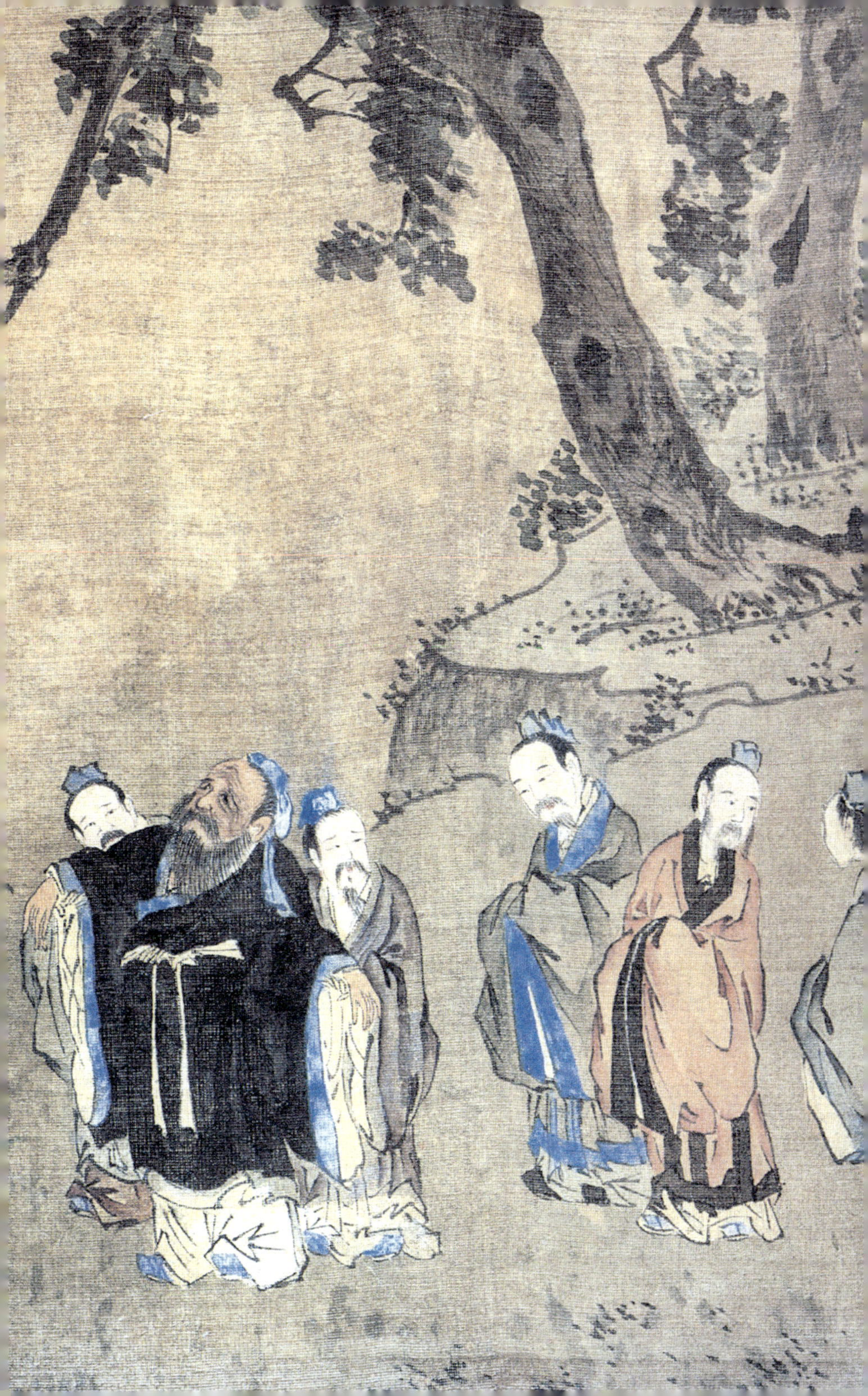

子张曰:"士见危致命,见得思义,祭思敬,丧思哀,其可已矣。"

译文

子张说:"士人遇见危险时能献出自己的生命,看见利益想到是否符合道义,祭祀时就想到是否恭敬,居丧时就想到自己是否哀伤,这样就可以了。"

子张曰:"执德不弘,信道不笃,焉能为有?焉能为亡?"

译文

子张说:"实践仁德不能发扬光大,信仰道法不能笃实忠诚,怎么能说这种人有德行,又怎么能说他没有呢?"

子夏之门人问交于子张。子张曰:"子夏云何?"

对曰:"子夏曰:'可者与之,其不可者拒之。'"

子张曰:"异乎吾所闻:君子尊贤而容众,嘉善而矜不能。我之大贤与,于人何所不容?我之不贤与,人将拒我,如之何其拒人也?"

译文

子夏的学生向子张请教结交朋友之道。子张说:"子夏是怎么说的?"

学生答道:"子夏说:'可以交的就与他结交,不可以交的就拒绝他。'"

子张说:"这和我所听到的不同:君子既尊重贤人,又能接纳普通人;既赞美善人,又能同情能力不足的人。如果我是大贤之人,那我对别人有什么不能接纳的呢?我如果不是贤人,那别人就会拒绝我,我又怎么去拒绝别人呢?"

子夏曰:"虽小道❶,必有可观者焉;致远恐泥(nì)❷,是以君子不为也。"

译文

子夏说:"即使是小技艺,也一定有可取的地方;但沉溺太深,就会有所阻滞,所以君子不会去做。"

注释

❶ 小道:指农、工、商、医、卜之类的技能。
❷ 泥:阻滞,妨碍。

子夏曰:"日知其所亡,月无忘其所能,可谓好学也已矣。"

译文

子夏说:"每天学到一些自己所不知道的知识,每月又不忘记自己已学会的知识,可以说是好学了。"

子夏曰:"博学而笃志,切问❶而近思,仁在其中矣。"

译文

子夏说:"广博地学习,并坚守志向;恳切地发问,并由近处思考,仁德就在其中了。"

注释

❶ 切问:恳切地求问。

子夏曰:"百工居肆❶以成其事,君子学以致其道。"

译文

子夏说:"各行各业的工匠是在作坊里掌握技法的,君子则是通过学习来掌握道的。"

注释

❶ 肆：作坊。

子夏曰："小人之过也必文❶。"

译文

子夏说："小人犯了过错一定会掩饰。"

注释

❶ 文：掩饰，掩盖。

子夏曰："君子有三变：望之俨然，即之也温，听其言也厉。"

译文

子夏说："君子有三个变化：在远处望见他是庄重严肃的，靠近他是温和可亲的，听到他说话又是严厉不苟的。"

子夏曰："君子信而后劳其民；未信，则以为厉己也。信而后谏；未信，则以为谤己也。"

译文

子夏说:"君子取得了信任后才役使老百姓;否则,老百姓就会以为你是在欺压他们。君子取得了信任后才会劝谏君主;否则,他就会以为你在诽谤他。"

子夏曰:"大德不逾闲❶,小德出入可也。"

译文

子夏说:"大的道德准则不能逾越界限,小的道德准则有些出入是可以的。"

注释

❶ 闲:木栏,这里指界限。

子夏曰:"仕而优❶则学,学而优则仕。"

译文

子夏说:"做官了,有余力就去学习;学习了,有余力就去做官。"

注释

❶ 优:有余力。

子游曰："丧致乎哀而止。"

译文

子游说："居丧做到尽哀也就可以了。"

子贡曰："纣❶之不善，不如是之甚也。是以君子恶（wù）居下流❷，天下之恶皆归焉。"

译文

子贡说："商纣王的不善，不像人们传说的那样厉害。所以君子憎恨处在下流，那样天下的坏名声都会归集到他身上去。"

注释

❶ 纣：商代最后一个君主，有名的暴君。
❷ 下流：地势低下的地方，比喻人处于不善之地。

子贡曰："君子之过也，如日月之食焉。过也，人皆见之；更也，人皆仰之。"

译文

子贡说:"君子的过错就好像日食、月食一样。他犯了错,人们都能看见;他改正过错,人们都会仰望他。"

卫公孙朝[1]问于子贡曰:"仲尼焉学?"子贡曰:"文武之道,未坠于地,在人。贤者识其大者,不贤者识其小者,莫不有文武之道焉。夫子焉不学?而亦何常师之有?"

译文

卫国的公孙朝问子贡:"仲尼的学问是从哪里学来的?"子贡说:"周文王、周武王的道,并没有掉在地上而无人问津,在于有人传承。贤能的人学到了它的根本,不贤的人学到了它的末节。没有人不多少掌握些文王、武王之道。我的老师什么不学呢?又何必要有固定的老师呢?"

注释

❶ 卫公孙朝：卫国的大夫公孙朝。

叔孙武叔❶语（yù）大夫于朝曰："子贡贤于仲尼。"子服景伯❷以告子贡。

子贡曰："譬之宫墙❸，赐之墙也及肩，窥见室家之好。夫子之墙数仞（rèn）❹，不得其门而入，不见宗庙之美，百官❺之富。得其门者或寡矣。夫子之云，不亦宜乎！"

译文

叔孙武叔在朝堂上对大夫们说："子贡比仲尼更贤能。"

子服景伯把这话告诉了子贡。

子贡说："我的学问和老师的学问相比，就像是围墙一样，我的围墙只到肩膀那么高，能够很轻易地看到墙内房屋的美好。老师的围墙却有几仞高，如果找不到门进去，你就看不见宗庙的美轮美奂、房屋的鳞次栉比。但能够找到门进去的人并不多了。叔孙武叔那么讲，不也是很自然吗？"

注释

❶ 叔孙武叔：鲁国大夫，叔孙氏是鲁国的三大家族之一。

❷ 子服景伯：鲁国大夫。

❸ 宫墙：围墙。

❹ 仞：古时长度单位，七尺为一仞。

❺ 官：这里指房舍。

叔孙武叔毁❶仲尼。子贡曰："无以为❷也！仲尼不可毁也。他人之贤者，丘陵也，犹可逾也；仲尼，日月也，无得而逾焉。人虽欲自绝❸，其何伤于日月乎？多❹见其不知量也。"

译文

叔孙武叔毁谤仲尼。子贡说："没有用的！仲尼是毁谤不了的。别人的贤德就好比丘陵，还可逾越；仲尼的贤德就好比日月，是无法超越的。虽然有人要与日月断绝联系，但这对日月有什么损害呢？只不过是暴露他的自不量力罢了。"

注释

❶ 毁：诋毁，诽谤。

❷ 无以为：无用，没用。

❸ 绝：断绝。

❹ 多：副词，只是，只不过。

出自本篇的成语

赐墙及肩　恶居下流　临危致命
门墙桃李　文过饰非　学而优则仕
逾闲荡检　博学笃志　切问近思
文武之道　不自量力

孔子年事已高，弟子和亲人的离世妨害了他的健康。他整夜失眠，更无心下饭，身体消瘦得厉害，两条腿也肿了，只能撑着拐杖，勉强走几步。鲁哀公知道了，便派人来探问他的病情。

得知孔子病得很厉害，权臣季康子也派人来探问，并馈赠药物，可孔子拜谢后却说："我对药性不了解，不敢吃。"

尧曰篇 第二十

本篇共三章,历来争议较多,除了一章记录上古帝王授政的言辞外,其他为孔子所言。本篇节选二章。

有一天夜里，孔子总算睡着了。他做了一个梦，梦见自己坐在两根楹柱之间，受人祭拜。醒来，他支撑起身体，拄着拐杖走到门外，过了许久，子贡来了。

"赐啊，你怎么来这么晚呢！"

看见老夫子已经憔悴不堪，子贡悲从中来，忙跪倒在地上流起泪来。

孔子抚着子贡的肩说："我昨晚梦到自己在两根楹柱之间受人拜祭，你知道这是殷商人的习俗。我的祖先就是殷商人。看来，我就要不久于人世了！"说着，自己也流泪了。

"不会的，老师！您会好的……"子贡哽咽着说。

"唉，我这一辈子坚守自己的理想！可这天下不走正道太久了，大家都不能听从我的主张！难道我真的错了吗？"泪水流淌在干枯的脸颊上，孔子感伤不已。

七天后，孔子去世了。

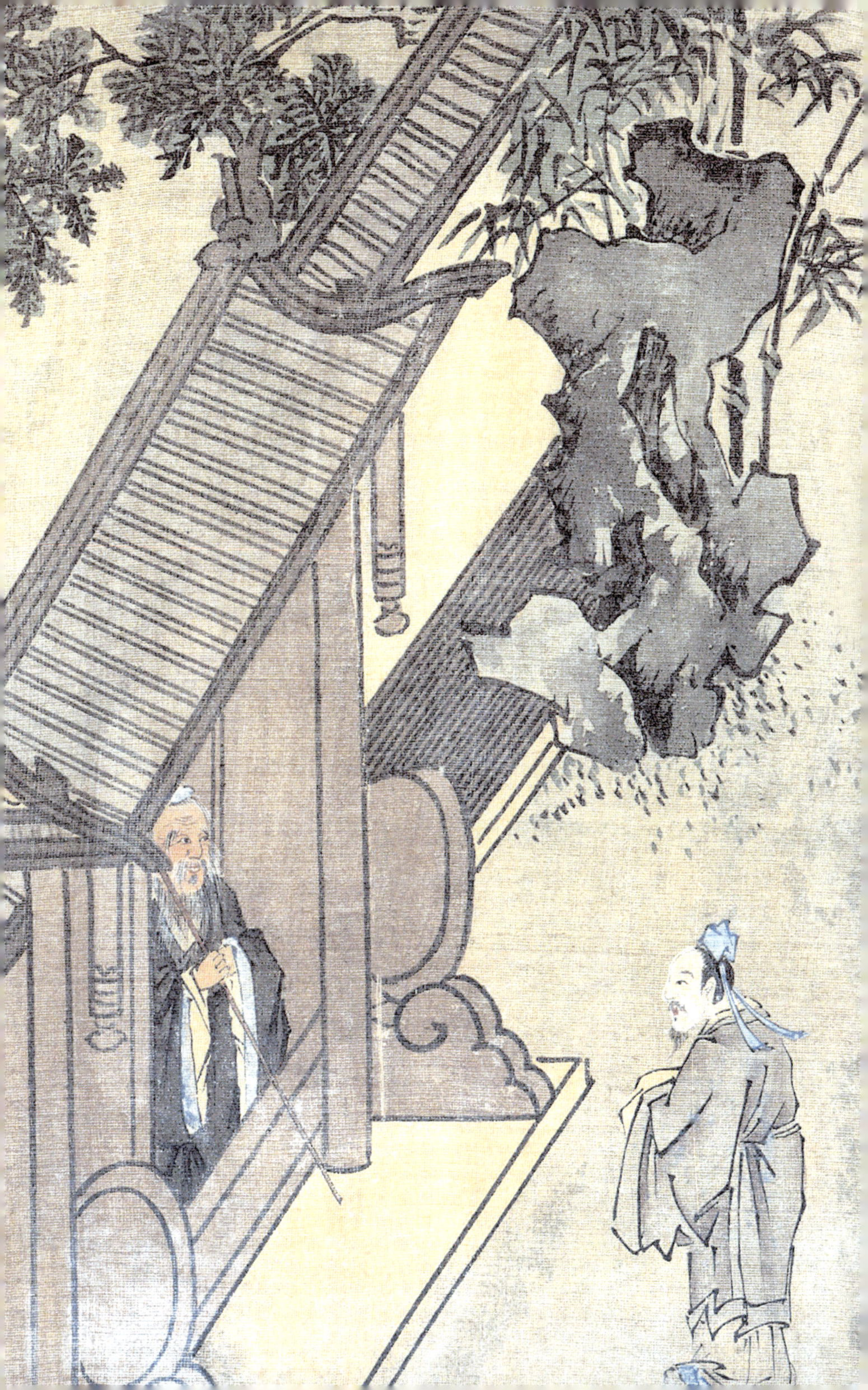

子张问于孔子曰:"何如斯可以从政矣?"

子曰:"尊五美,屏四恶,斯可以从政矣。"

子张曰:"何谓五美?"子曰:"君子惠而不费,劳而不怨,欲而不贪,泰而不骄,威而不猛。"

子张曰:"何谓惠而不费?"

子曰:"因民之所利而利之,斯不亦惠而不费乎?择可劳而劳之,又谁怨?欲仁而得仁,又焉贪?君子无众寡,无小大,无敢慢,斯不亦泰而不骄乎?君子正其衣冠,尊其瞻视,俨然人望而畏之,斯不亦威而不猛乎?"

子张曰:"何谓四恶?"

子曰:"不教而杀谓之虐;不戒视成谓之暴;慢令致期❶谓之贼;犹之与人也,出纳之吝谓之有司❷。"

译文

子张问孔子:"怎样才可以治理政事呢?"

孔子说:"尊重五种美德,摒弃四种恶政,这样就可以治理政事了。"

子张问:"五种美德是什么?"孔子说:"君子给老百姓以恩惠,

自己却无所耗费；劳动百姓，他们却无怨恨；自己有欲望却不贪婪；庄重却不傲慢；威严却不凶猛。"

子张问："怎么做是'给老百姓以恩惠自己却无所耗费'等五项内容？"

孔子说："从老百姓的利益出发而使他们获利，这不就是给老百姓以恩惠自己却无所耗费吗？选择可以劳动百姓的事和时间，让他们去做，又有谁会怨恨呢？自己的欲望是符合仁德的准则的，最终又获得了仁德，还有什么可贪求的呢？君子对人对事，无论多少、大小，都不怠慢，这不就是庄重而不傲慢吗？君子衣冠整肃，目不斜视，使人望见便生出敬畏之心，这不就是威严而不凶猛吗？"

子张问："什么是四种恶政呢？"

孔子说："没有实行教化，百姓一犯过错，便妄施杀戮，叫'虐'；事先不加告诫，却要求他们立即成功，叫'暴'；由于自己下达命令慢而导致过了限定的日期，叫'贼'；给予百姓财物，出手吝啬，叫'小家子气'。"

注释

❶ 致期：超越限期。
❷ 有司：专管仓库的小吏，因职位卑微，喻为小家子气。

孔子死后，弟子们的悲痛自不必多说。他们将孔子葬在了鲁城北的泗水岸边，并相约在墓旁守孝三年。

三年里，大家各自回忆起老师生前的教诲，并把他的言行记录下来，整理编撰成了《论语》。

这样，孔子的生平和思想便有了可靠的记录，孔子的精神与人格也因此树立了起来，为后人所仰望。

三年后，子贡不忍离开，又为老师守孝三年。

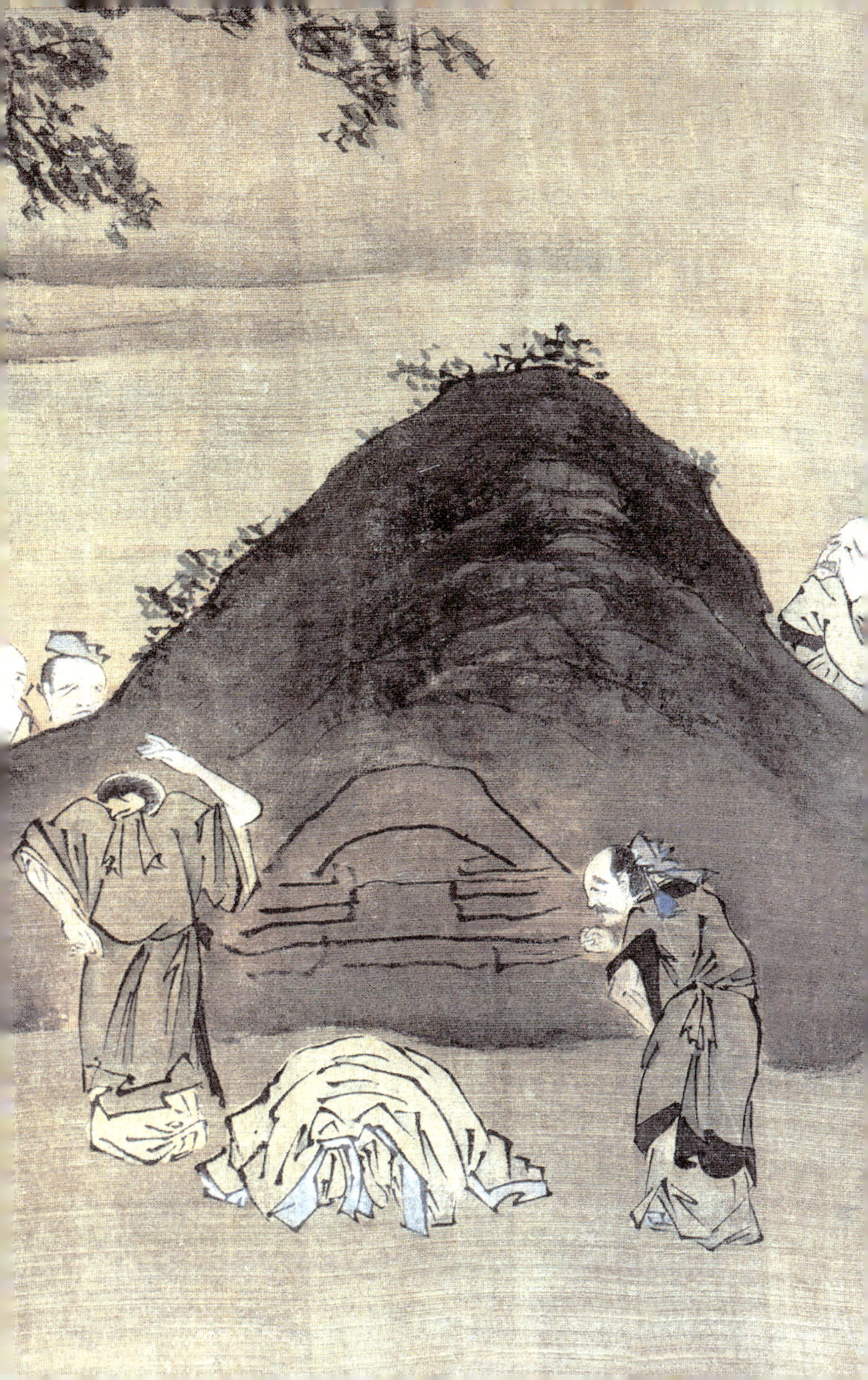

出自本篇的成语

◇◇◇

不教而杀　惠而不费　望而生畏　劳而不怨